손끝으로 채우는 일본어 필사 시리즈 4
빨간머리 앤 1

• 지은이 - 루시 모드 몽고메리 •

Lucy Maud Montgomery, 1874~1942

캐나다 프린스 에드워드 섬에서 태어난 루시 모드 몽고메리는 아름다운 자연과 평화로운 섬마을에서 어린 시절을 보냈다. 어머니를 일찍 여의고 외조부모의 손에서 자라며 책과 상상력에 의지한 그녀는 어릴 때부터 시와 이야기를 쓰며 글에 재능을 보였다. 1908년 발표한 첫 장편소설 『초록 지붕 집의 앤(Anne of Green Gables)』은 『작은 아씨들』 『이상한 나라의 앨리스』 등에서 영감을 받았으며, 입양을 기다리던 영국인 부부에게 남자아이 대신 여자아이가 보내졌다는 신문 기사를 읽은 것이 계기가 되었다. 작품은 발표와 동시에 폭발적인 인기를 얻어 전 세계에서 5,000만 부 이상 팔리고 36개국 언어로 번역되었다. 이후 몽고메리는 속편을 비롯해 총 20여 권의 장편과 수많은 단편·시를 남겼으며 그녀의 작품들은 자연과 사람, 삶의 작은 기쁨을 섬세하게 그려냈다는 평가를 받는다.

• 옮긴이 - 오다윤 •

고려대학교 대학원 중일어문학과 석사 졸업. 도쿄대 대학원 종교학과 연구생 과정 수료 후 일본 도쿄에서 항공사 지상직, 은행원, IT 엔지니어로 5년간 다양한 경험을 쌓았다. 이후 한국과 일본을 오가며 일본 여행 작가이자 프리랜서 번역가로 활동하고 있다. 번역서로는 『은하철도의 밤 - 손끝으로 채우는 일본어 필사 시리즈 1』 『어린 왕자 - 손끝으로 채우는 일본어 필사 시리즈 2』가 있으며, 저서로 『도쿄의 하늘은 하얗다』 『한 달의 후쿠오카』가 있다.

손	끝	으	로		채	우	는	
일	본	어		필	사		시	리	즈	4

빨간머리 앤 1
赤毛のアン 1

루시 모드 몽고메리 지음 | 오다윤 옮김

목차

赤毛のアン
빨간머리 앤

프롤로그	8
효과적인 필사책 활용법	10
작품 소개	11

第1章　レイチェル・リンド夫人、仰天　　　12
제1장　레이첼 린드 부인, 깜짝 놀라다

第2章　マシュー・カスバート、仰天　　　42
제2장　매튜 커스버트, 깜짝 놀라다

第3章　マリラ・カスバート、仰天　　　78
제3장　마릴라 커스버트, 깜짝 놀라다

第4章　グリーン・ゲイブルズで迎える朝　　　104
제4장　초록 지붕 집에서 맞는 아침

第5章　マリラ、遂に決断　　　130
제5장　마릴라, 마침내 결단하다

第6章 アンの躾け、開始 ……………………… 162

제6장 앤의 훈육, 시작

第7章 レイチェル・リンド夫人、驚愕 ……………………… 174

제7장 레이첼 린드 부인, 경악하다

第8章 アンの申し訳 ……………………… 208

제8장 앤의 사과

第9章 厳粛な誓約と約束 ……………………… 244

제9장 엄숙한 맹세와 약속

第10章 疾風怒濤の小学校生活 ……………………… 262

제10장 질풍노도의 초등학교 생활

프롤로그

『빨간머리 앤』은 한 세기가 넘는 시간 동안 전 세계 독자들의 마음에 머물러 왔습니다. 작은 섬의 초록 지붕 집에서 시작된 한 소녀의 이야기는, 언어와 문화가 다른 이들에게도 익숙한 울림을 건넵니다.
아마도 앤이 걸어온 길이, 우리의 삶과 겹쳐 있기 때문일 것입니다.

앤 셜리는 어릴 적부터 세상의 편견과 맞서고, 뜻대로 되지 않는 현실에 부딪혀야 했습니다. 그럼에도 그녀는 자신의 감정에 솔직했고, 사랑과 희망을 포기하지 않았습니다.
상처받는 순간이 많았지만, 그만큼 사람을 믿는 마음도 깊었습니다.
앤은 의연하게 앞으로 나아갔고 '엉뚱하고 상처 많은 아이'에서 누구보다도 '강하고 단단한 어른'으로 성장합니다.

이 필사책은 단순히 앤의 이야기를 읽는 것을 넘어, 일본어 원문을 한 글자씩 따라 쓰며 표현과 문법을 자연스럽게 익힐 수 있도록 구성되었습니다. 필사하는 동안 앤이 걸어온 길을 함께 걸으며 그녀의 감정과 생각을 일본어로 느껴보는 특별한 경험이 될 것입니다. 앤의 눈으로 세상을 바라보고, 앤의 마음으로 세상을 느껴보세요.

인생에서 조금 지치고 외로움을 느끼는 시간이 있을 것입니다. 하지만 그 길 끝에는 반드시, 나만의 초록 지붕 집이 기다리고 있습니다. 그곳은 진심을 잃지 않은 사람만이 마침내 마주하게 될, 따뜻하고도 단단한 삶의 한 장면입니다.

이 필사책을 통해, 우리의 손끝에서 다시 살아날 앤의 이야기를 기대합니다.

옮긴이 오다윤

효과적인 필사책 활용법

베껴쓰기 본문

먼저 일본어로 된 소설 본문을 읽어봅니다. 주요 한자에 후리가나가 달려있어서 일본어 학습에 도움이 됩니다.

필사하는 페이지

본문을 천천히 따라 써 봅니다. 쓰면서 소리 내 읽으면 더 좋습니다.

한글 번역문

일본어로 된 소설을 번역해 보고 한글 번역문을 보면서 맞는지 확인해 봅니다.

본문 단어장

본문에 나오는 주요 단어의 뜻과 단어에 관한 부연 설명이 나와 있습니다.

작품소개

부모를 잃고 고아원에서 자란 열한 살 소녀 앤 셜리는, 초록 지붕 집의 마릴라와 매튜 남매에게 우연히 입양되며 새로운 삶을 맞이한다. 앤은 넘치는 상상력과 솔직한 말투로 때로는 소동을 일으키지만, 진심 어린 마음과 따뜻한 우정으로 주변 사람들의 삶을 바꿔 나간다. 이 작품은 성장, 용기, 그리고 '사랑받는 것'의 의미를 잔잔한 유머와 아름다운 풍경 속에 담아, 세기를 넘어 지금까지 전 세계 독자들에게 사랑받고 있다.

* 일본어 『빨간머리 앤』의 원문은 Open Shelf Project(https://open-shelf.appspot.com/AnneOfGreenGables/chapter1.html)에서 제공된 텍스트를 사용하였습니다.
  ※ Open Shelf Project : 영어 원서 및 그 번역본을 오픈 소스로 제공하는 비영리 오픈소스 플랫폼.
* 본 원서는 루시 모드 몽고메리(Lucy Maud Montgomery, 1874~1942)의 ANNE 시리즈 중 첫 번째 작품인 『Anne of Green Gables』를 기반으로 하며, 고아원에서 자란 엉뚱하고 상상력이 풍부한 소녀 '앤 셜리'가 실수로 초록 지붕집에 오게 되면서 벌어지는 성장 이야기입니다.
* 필사 목적의 책이므로 번역은 되도록 직역에 가깝게 하였습니다.
* 일본어 원문이 반말체로 되어 있더라도, 한국어 번역에서는 인물 간의 관계나 감정, 나이를 고려하여 존댓말이나 높임 표현으로 조정하였습니다. 예를 들어 주인공 앤은 어른에게 존댓말을 사용하는 형식으로 표현을 조정하였습니다.
* 이야기의 핵심 사건과 주요 대사를 중심으로 번역자가 일부 편집하여 구성하였습니다.
* 등장인물의 이름은 영어 원문 표기를 따랐습니다.

第1章 レイチェル・リンド夫人、仰天

　レイチェル・リンド夫人は、アヴォンリー街道がわずかに下がって小さな窪地に続くところに住んでいた。その窪地は榛の木とフクシアの花で縁取られ、そこを横切って流れる川の源は、年月を経たカスバート地所の森に遡る。

1장 레이첼 린드 부인, 깜짝 놀라다

　레이첼 린드 부인은 에이번리 가도가 살짝 내려와 작은 와지로 이어지는 곳에 살았다. 그 와지에는 오리나무와 푸크시아꽃으로 둘러싸여 있고, 그곳을 가로질러 흐르는 강의 근원은 세월이 흐른 커스버트 영지의 숲까지 거슬러 올라간다.

□ 赤毛 빨간머리 □ 夫人 부인 □ 仰天 몹시 놀람, 기겁함 □ 街道 가도, 큰길 □ わずか 얼마 안 되는 모양, 조금, 약간 □ 下がる (아래로) 내려가다 □ 小さい 작다 □ 窪地 움푹 패어 웅덩이가 된 땅, 주위보다 낮은 땅(와지) □ 続く 계속되다 □ ところ 곳, (안성맞춤의) 때 □ 住む 살다 □ 榛の木 오리나무 □ 花 꽃 □ 縁取る 테두리를 두르다, 둘러싸다 □ 横切る 가로지르다, 스치다 □ 流れる 흐르다 □ 川 강 □ 源 원천, 근원 □ 年月 세월 □ 経る (시간이) 흐르다, 지나가다 □ 地所 토지, 영지 □ 森 숲 □ 遡る 거슬러 올라가다, (기원 등을) 더듬다

川の上流は、窪地から森を抜けて複に急速に流れ、途中には暗く人の知らない淵や小さな滝があるということだ。しかし、リンド窪地に至るまでには、静かで落ち着いた小さな小川となっていた。川でさえ礼節と作法に当然気を配らないでは、レイチェル・リンド夫人のドアの前を、流れてはいけないかのようである。

　강의 상류는 와지에서 숲을 빠져나와 복잡하고 세차게 흐르고, 도중에는 어둡고 아무도 모르는 연못과 작은 폭포가 있다. 하지만 린드 부인네 와지에 다다를 즈음에는 조용하고 차분한 작은 시냇물이 되어 있었다. 강마저도 예절과 격식을 당연히 갖추지 않으면 레이첼 린드 부인의 문 앞을 흘러가서는 안 되는 듯했다.

□ 上流 상류 □ 抜ける 빠지다, 없어지다 □ 複雑 복잡 □ 急速 급속 □ 途中 도중 □ 暗い 어둡다 □ 人 사람, 인간 □ 知らない 모르다 (知る의 부정형) □ 淵 연못 □ 滝 폭포 □ 至る 다다르다 □ 静かだ 조용하다 □ 落ち着く 안정되다 □ 小川 작은 시냇물 □ 礼節 예절 □ 作法 예법, 격식 □ 当然 당연 □ 気を配る 주의를 기울이다 □ ドア 문 □ 前 앞, 전

　レイチェル夫人が窓際に座って、通り過ぎるものを川から子供達に至るまで目ざとく観察しているのを、川は多分気付いていたのだろう。そして、もし夫人が奇妙なことや場違いな何かに気付いたなら、それがなぜか理由を探り出すまで決して落ち着いていられないだろうことも。

　레이첼 부인은 창가에 앉아 강에서 아이들에 이르기까지 지나가는 모든 것을 예리하게 관찰하고 있었고, 강도 아마 그것을 눈치챘을 것이다. 그리고 만약 부인이 기묘하거나 어울리지 않는 무언가를 눈치챘다면, 왜 그런지 이유를 밝혀낼 때까지 절대 가만있지 않았을 것이라는 사실도 말이다.

빨간머리 앤　赤毛のアン

□ 窓際 창가 □ 座る 앉다 □ 通り過ぎる 지나가다, 통과하다 □ 子供 아이 □ -達 명사·대명사에 붙어 복수를 나타냄, ~들 □ 目ざとい(보는) 눈이 빠르다, 재빠르다 □ 観察する 관찰하다 □ 多分 대개, 아마 □ 気付く 깨닫다 □ 奇妙 기묘함 □ 場違い 장소가 틀림, 그 자리에 어울리지 않음 □ なぜか 웬일인지, 어쩐지 □ 理由 이유 □ 探り出す 알아내다, 비밀 따위를 알아내다 □ 決して 결코, 절대로

　夫人は六月に入ったある日の午後、その窓辺に座っていた。窓辺に差し込む陽の光は、暖かく輝かしい。リンド家の下手の丘に面した果樹園は、ピンクがかった白い花が咲き誇り、婚礼の席の風情で、無数の蜜蜂が羽音をたてていた。トマス・リンド、この男は温和で背が低くアヴォンリーの者はレイチェル・リンドの亭主と呼んでいたが、納屋の向こうの丘の畑で遅蒔きのカブを蒔いていた。

　부인은 6월에 접어든 어느 날 오후, 창가에 앉아 있었다. 창가로 쏟아져 들어오는 햇볕은 따스하고 눈부시다. 린드 가의 아래쪽 언덕에 면한 과수원에는 연분홍빛을 띤 하얀 꽃들이 흐드러지게 피어, 결혼식 같은 정취로 수많은 꿀벌이 날갯짓 소리를 냈다. 토마스 린드, 온화하고 키가 작은 이 남자를 에이번리 사람들은 '레이첼 린드의 남편'으로 불렀는데, 헛간 너머 언덕 밭에서 때늦게 순무 씨를 뿌리고 있었다.

□ 入る 들어오다 □ ある日 어느 날 □ 午後 오후 □ 窓辺 창가 □ 差し込む (빛·공기 등이) 스며들다, 비쳐 들어오다 □ 陽の光 햇볕 □ 暖かい 따뜻하다 □ 輝かしい 빛나다 □ 家 집, 댁 □ 下手 아래쪽(의 물건이나 장소), (강의) 하류 □ 丘 언덕 □ 面する 인접하다 □ 果樹園 과수원 □ ピンクがかった白い 연분홍 □ 咲き誇る 화려하게 피다 □ 婚礼の席 결혼식장 □ 風情 풍정, 정취 □ 無数 무수 □ 蜜蜂 꿀벌 □ 羽音 날갯소리 □ たてる 소리를 내다 □ 男 남자 □ 温和 온화 □ 背 키 □ 低く 작다, 낮다 □ 者 행동의 주체, 사람 □ 亭主 주인 □ 呼ぶ 부르다 □ 納屋 헛간 □ 向こう 저쪽, 맞은편 □ 畑 밭 □ 遅蒔き 철 늦은 파종 □ カブ 순무 □ 蒔く (씨를) 뿌리다, 파종하다

それなのにマシュー・カスバートが三時も半分まわって忙しい午後に、落ち着き払って馬を走らせ、窪地を越えて丘を登っていく。そのうえ、マシューはホワイト・カラーと一番良い上下を着こんでいる。これからアヴォンリーの外に出かけます、と言っているようなものだ。それに馬車には栗毛の雌馬、ずいぶんと遠くに出かけるらしい。さて、いったい何処にマシュー・カスバートは出かけるのだろう、なぜ出かけてゆくのだろう。

　그런데 매튜 커스버트가 오후 세 시 반이 지난 바쁜 오후에, 태연히 말을 타고 와지를 넘어 언덕을 올라가고 있었다. 게다가 매튜는 흰 셔츠에 가장 좋은 상하 정장을 차려입었다. 지금부터 에이번리 밖으로 나가겠다는 말과 마찬가지다. 게다가 마차에는 밤색 암말, 제법 먼 곳까지 갈 모양이었다. 대체 매튜 커스버트는 어디로 가는 걸까, 왜 나가는 걸까?

□ 半分 절반 □ まわる 돌다, 시간이 좀 지나다 □ 忙しい 바쁘다 □ 落ち着き払う 매우 침착한 모양을 보이다 □ 馬 말 □ 走らす 달리(게 하)다, 급히 보내다 □ 越える 넘다 □ 登る 오르다, 높은 곳으로 올라가다 □ そのうえ 더구나, 게다가 □ ホワイト 화이트 □ カラ 카라 □ 一番 가장 □ 良い 좋다 □ 上下 상하(상의와 하의 한 벌로 구성된 정장) □ 着こむ 껴입다 □ 外 밖, 바깥 □ 出かける 외출하다 □ 言う 말하다 □ 馬車 마차 □ 栗毛 밤색 털 □ 雌馬 암말 □ ずいぶん 대단히, 몹시 □ 遠い 멀다 □ さて 그런데, 그래서 □ いったい 도대체 □ 何処 어디, 어느 곳 □ ゆく 가다

レイチェル夫人はあれこれ考えてみたが、全く何も思い付かず、せっかくの楽しい午後がだいなしになった。

お茶が済んだあと、レイチェル夫人はしかるべく出立した。それ程遠くへ行くわけではなかった。あの大きな、好き勝手に生えた果樹園で囲われたカスバート家は、リンド窪地から四半マイル足らず、道を上ったところにあった。

　　레이첼 부인은 이리저리 생각해 봤지만, 전혀 아무것도 떠오르지 않아, 모처럼의 즐거운 오후가 엉망이 됐다.
　　레이첼 부인은 차를 마신 뒤 적당한 때에 길을 나섰다. 그렇게 멀리 가는 것은 아니었다. 저 크고 제멋대로 자란 과수원에 둘러싸인 커스버트 집은 린드 부인네 와지에서 4분의 1 마일(약 400미터)도 채 되지 않는, 길을 올라가는 곳에 있었다.

☐ あれこれ 이것저것, 이리저리 ☐ 考える 생각하다 ☐ 全く 완전히, 전혀
☐ 思い付く 생각이 떠오르다 ☐ せっかく 모처럼, 일부러 ☐ 楽しい 즐겁다
☐ だいなし 엉망이 됨, 아주 망가짐 ☐ お茶 차 ☐ 済む (일이) 완료되다, 끝나다 ☐ しかるべく 알맞게, 적당히 ☐ 出立 길을 떠남, 출발 ☐ それ程 그렇게, 그만큼 ☐ 行く 가다 ☐ わけ 원인, 이유 ☐ 大きい 크다 ☐ 好き勝手 자기 좋을 대로만 하는 모양 ☐ 生える (초목의 싹이나 가지 등이) 나오다 ☐ 囲う 둘러싸다, 에워싸다 ☐ 四半 4분의 1 ☐ マイル 마일 ☐ 足らず 그 수량에 아직 이르지 못함 ☐ 道 길 ☐ 上る 오르다, 올라가다

レイチェル夫人は、小径を足を踏みしめ、グリーン・ゲイブルズの裏庭にたどり着いた。鮮やかな緑で覆われた手入れが行き届いた几帳面な庭は、一方が長老然とした柳で、もう一方はつんと気取ったセイヨウハコヤナギで囲われていた。

레이첼 부인은 오솔길을 힘차게 밟으며 초록 지붕 집 뒷마당에 다다랐다. 선명한 초록빛으로 덮인, 손질이 잘 되어 정돈된 정원은 한쪽은 위엄 있는 노인 같은 버드나무로, 다른 한쪽은 새침하게 뽐내는 롬바디포플러로 둘러싸여 있었다.

□ 小径 작고 좁은 길, 오솔길 □ 足 발 □ 踏みしめる 힘차게 밟다 □ グリーン 초록색 □ ゲイブルズ 박공지붕 □ 裏庭 뒤뜰 □ たどり着く 겨우 목적지에 다다르다 □ 鮮やか 또렷함, 선명함 □ 緑 초록색 □ 覆う 덮다, 씌우다 □ 手入れ 고침, 손질함 □ 行き届き (마음씨나 주의가) 구석구석까지 미침, 빈틈없음 □ 几帳面 꼼꼼 □ 庭 정원, 마당 □ 一方 한 방면, 한 방향 □ 長老然 늙고 위엄 있는 분위기를 풍기는 □ 柳 버드나무 □ つんとする 새침하다 □ 気取る 젠체하다, 거드름 피우다, 점잔 빼다 □ セイヨウハコヤナギ 롬바디 포플러

折れた小枝や小石は一つも落ちていなかった。レイチェル夫人が台所のドアを手早く叩くと、返事を待って中に入った。グリーン・ゲイブルズの台所はうんざりするほど奇麗なため、使っていない客間のような雰囲気だった。窓は東と西を向いていた。西側は裏庭を見渡し、六月の柔らかい陽の光があふれていた。世の中は真面目なものなのに、マリラにはちらちら踊る陽の光は、好き勝手に過ぎると感じるのだった。そこにマリラが編み物をしながら腰掛け、その後ろには夕食用にテーブルが置いてあった。

부러진 작은 나뭇가지나 조약돌 하나도 떨어져 있지 않았다. 레이첼 부인은 부엌문을 재빨리 두드리고, 대답을 기다렸다가 안으로 들어갔다. 초록 지붕 집의 부엌은 질릴 정도로 깔끔해서 사용하지 않는 응접실 같은 분위기였다. 창문은 동쪽과 서쪽으로 나 있었다. 서쪽은 뒷마당을 내려다보고 있었으며, 6월의 부드러운 햇빛이 넘쳐나고 있었다. 세상은 진지한 것인데, 마릴라에게 반짝이며 춤추는 햇살은 제멋대로 흘러간다고 느껴졌다. 마릴라는 그곳에 앉아 뜨개질을 하고 있었고 그 뒤쪽에는 저녁 식사용 식탁이 놓여 있었다.

□ 折れる (가지 등을) 꺾다 □ 小枝 작은 가지 □ 小石 작은 돌 □ 一つ 하나 □ 落ちる 떨어지다 □ 台所 부엌 □ 手早い 재빠르다 □ 叩く 치다, 두드리다 □ 返事 답신 □ 待つ 기다리다 □ 中 (공간·조직 등의) 내부, 속, 안 □ うんざりする 지긋지긋하다, 진절머리나다 □ 奇麗 깨끗하다, 예쁘다 □ ため 때문, ~에게는 □ 使う 사용하다 □ 客間 응접실 □ 雰囲気 분위기 □ 窓 창 □ 東 동 □ 西 서 □ 向く 향하다 □ 側 쪽, 측 □ 見渡す 멀리 바라다보다, 전망하다 □ 柔らかい 부드럽다, 포근하다 □ あふれる 흘러넘치다 □ 世の中 세상 □ 真面目 진심, 진정 □ ちらちら 반짝반짝, 아른아른(빛이나 물체가 자꾸 작게 움직이거나 반짝이는 모양) □ 踊る 춤추다 □ 過ぎる 지나가다, 통과하다 □ 感じる 느끼다 □ 編み物 뜨개질, 뜨개질한 것 □ 腰掛ける 걸터앉다 □ 後ろ 뒤, 뒤쪽 □ 夕食 저녁 식사 □ 用 용도, 소용 □ テーブル 테이블, 식탁 □ 置く 두다, 앉다

テーブルに三枚皿が置いてあるね、マリラが誰かとマシューをお茶に迎えるに違いない。

「こんにちは、レイチェル」マリラの挨拶は簡潔だ。
「今日はほんとに良い天気だね。お宅はみんな元気？」

マリラは背が高くやせた女で、あちこち角張って丸みに欠けている。マリラの黒い髪は幾筋か灰色のものが目立ち、いつも固く短いひっつめに結んで、二本のヘアピンでぶすっと止めてあった。

식탁에 접시 세 개가 놓여 있네, 마릴라가 누군가와 매튜를 맞이하기 위해 차를 준비한 것이 틀림없어.

"안녕, 레이첼." 마릴라의 인사는 간결하다.
"오늘 날씨가 참 좋네. 댁 식구 모두 안녕하지?"

마릴라는 키가 크고 마른 여자로 군데군데 각이 져서 둥근 느낌이 부족했다. 마릴라의 검은 머리카락에는 몇 가닥의 회색 머리카락이 눈에 띄었고, 늘 단단하고 짧은 올림머리로 묶어 두 개의 머리핀으로 단단히 고정해 두었다.

빨간머리 앤 赤毛のアン

☐ -枚 -매, -장 (종이·널 따위 얇고 평평한 것을 세는 말) ☐ 皿 접시 ☐ 誰 누구 ☐ 迎える 맞이하다, 맞다 ☐ 違いない 틀림없다, 확실하다 ☐ 挨拶 인사 ☐ 簡潔 간결 ☐ 今日 오늘 ☐ ほんと 정말, 진짜 ☐ 天気 날씨 ☐ お宅 댁, 상대방의 집을 높여 부르는 말 ☐ みんな 모두, 전부 ☐ 元気 건강함, 활기 ☐ 背が高い 키가 크다 ☐ やせる 살이 빠지다, 여위다 ☐ 女 여자 ☐ あちこち 여기저기 ☐ 角張る 모가 나다, 각지다 ☐ 丸み 둥그스름한 모양(느낌) ☐ 欠ける 빠짐, 모자람 ☐ 黒い 검다 ☐ 髪 머리카락 ☐ 幾筋 몇 가닥 ☐ 灰色 회색 ☐ 目立つ 두드러지다, 눈에 띄다 ☐ いつも 항상, 언제나 ☐ 固い 단단하게, 딱딱하게 ☐ 短い 짧다 ☐ ひっつめる 단단히 묶다, 질끈 묶다 ☐ 結ぶ 묶다 ☐ -本 가늘고 긴 것을 세는 말 ☐ ヘアピン 헤어핀 ☐ ぶすっと 무뚝뚝하게, 퉁명스럽게 ☐ 止める (핀·못 등으로) 고정시키다

「うちはみんな元気なものさ。あたしはなんだかあんた達の方が心配だよね。もっとも、マシューが出かけるのを今日見たんだけどね。もしかするとお医者に行くところなのかと思ったよ」

そらきた、と言いたげに、マリラの口元がぴくっと動いた。マリラはレイチェル夫人が来るのを待ち受けていた。

「いや、違うよ、私はすっかり元気さ、とはいえ昨日はひどく頭が痛くてね」マリラが言った。

「マシューはブライト・リバーに行ったんだよ。私達で男の子を一人、ノヴァ・スコシアの孤児院からもらうことにしたんでね。それでマシューが今夜の汽車に迎えにいったとこさ」

"우리 집은 모두 잘 지내고 있어. 오히려 너희 쪽이 걱정이야. 물론, 오늘 매튜가 급히 외출하는 걸 보긴 했지만 말이야. 혹시 의사한테 가는 길인가 생각했어."

마릴라는 그러면 그렇지 하며 입꼬리를 씰룩거렸다. 마릴라는 레이첼 부인이 올 것을 기다리고 있었다.

"어머, 아니야. 난 아주 건강해, 그렇지만 어제는 머리가 몹시 아팠지." 마릴라가 말했다.

"매튜는 브라이트 리버에 갔어. 우리가 노바스코샤 고아원에서 남자아이 하나를 데려오기로 했거든. 그래서 매튜가 오늘 밤 기차로 오는 아이를 마중 나간 거야."

□ うち 우리 집, 우리 □ あたし 나 □ あんた 너, 당신 □ 方 쪽 □ 心配 걱정 □ もっとも 물론, 다만 □ 見る 보다 □ もしかすると 어쩌면 □ 医者 의사 □ 思う 생각하다 □ そら (속어) 아, 저런, 봐라 □ 言いたげに 무언가 말하고 싶은 듯이, 말하려는 기색을 띠며 □ 口元 입가 □ ぴくっと (근육 등이) 갑자기 움직이는 모양 □ 動く 움직이다 □ 来る 오다 □ 待ち受ける 오기를 기다리다 □ 違う 다르다, 틀리다 □ 私 나 □ すっかり 완전히, 모두 □ とはいえ ~라고 하지만 □ 昨日 어제 □ ひどく 몹시, 심하게 □ 頭 머리 □ 痛い 아프다 □ 男の子 남자아이 □ 孤児院 고아원 □ もらう 받다 □ 今夜 오늘 밤 □ 汽車 기차

マリラが、マシューはブライト・リバーまで、オーストラリアから来たカンガルーを迎えに行ったと言ったほうが、まだレイチェル夫人は驚かなくて済んだかもしれない。夫人は実際この衝撃をくらって五秒間は口がきけなかった。マリラがふざけた冗談を言うなんて想像できなかった。

「何でまた、そんなこと考えついたんだい？」夫人は非難の声で尋ねた。

「まあね、私達はこのことを長い間考えていたんだよ。実際、冬の間はずっとさ」マリラが切り返した。「アレクサンダー・スペンサーの奥さんがクリスマス前にいつだったかいらして、春になったら女の子を一人ホープタウンの孤児院からもらうんだということでね」

　마릴라가, 매튜가 브라이트 리버까지 호주에서 온 캥거루를 마중 나갔다고 말한 편이 레이첼 부인은 오히려 덜 놀랐을지도 모른다. 부인은 실제로 충격을 받아 5초간 말을 잇지 못했다. 마릴라가 어이없는 농담을 할 줄은 상상도 못 했다.
"어떻게 그런 생각을 한 거야?" 부인은 비난의 어조로 물었다.
"글쎄, 우리는 이 일을 오랫동안 생각하고 있었어. 실은, 겨울 내내 그랬지." 마릴라가 대답했다. "알렉산더 스펜서 부인이 크리스마스 전에 한 번 다녀갔는데, 봄이 되면 호프타운의 고아원에서 여자아이 한 명을 데려온다고 하더라고."

□ オーストラリア 호주 □ カンガルー 캥거루 □ 驚く 놀라다 □ 済む 끝나다, 해결되다 □ 実際 실제 □ 衝撃 충격 □ くらう (부정적인 것을) 당하다, 먹다 □ 秒 초 □ 間 사이, 틈 □ 口のきけない 말을 못하다 □ ふざける 장난치다 □ 冗談 농담 □ 想像 상상 □ 何で 어째서, 왜 □ また 다시, 또 □ 考えつく 생각해내다, 떠올리다 □ 非難 비난 □ 声 목소리 □ 尋ねる 묻다, 질문하다 □ 長い間 오랫동안 □ 冬 겨울 □ ずっと 계속, 훨씬 □ 切り返す 반박하다, 되받아치다 □ 奥さん 부인 □ 春 봄

「二人で考えたのは、男の子をもらおうということさ。マシューも歳をとってきたからね、もう六十だよ、前ほど体が動くとはとてもいえないし。

アレクサンダー・スペンサーの奥さんから今日電報が届いてね、奥さん達が今晩五時半の汽車で着くと書いてあったよ。それでマシューがブライト・リバーにその子を迎えに出かけたのさ」

レイチェル夫人は、日頃から自分の思うことをずばずば言うことを良しとしていた。この驚くべき新事実に対して体勢を立て直しながら、夫人は早速それを実践することにした。

"우리 둘이 생각한 건 남자아이를 데려오자는 거였어. 매튜도 나이가 들었잖아, 벌써 예순이야. 예전처럼 몸이 움직인다고는 도저히 말할 수 없지.

알렉산더 스펜서 부인에게서 오늘 전보가 왔는데, 부인이 오늘 저녁 5시 반 기차로 도착한다고 쓰여 있었어. 그래서 매튜가 브라이트 리버로 그 애를 데리러 나간 거야."

레이첼 부인은 평소 자기 생각을 거침없이 말하는 것을 좋다고 여겼다. 이 놀라운 새로운 사실에 대해 자세를 가다듬으며, 그녀는 곧바로 그 성향을 실천에 옮기기로 했다.

□ 歳をとる 나이를 먹다 □ 前ほど 예전만 □ 体 몸 □ 動く 움직이다 □ とても 도저히, 아무리 해도 □ 電報 전보 □ 届く 도착하다, 닿다 □ 今晩 오늘밤 □ 汽車 기차 □ 着く 도착하다 □ 書く 쓰다 □ 日頃 평소 □ 自分 자신 □ 思う 생각하다 □ ずばずば 거침없이 □ 良しとする 어떤 일을 좋다고 판단하다, 인정하다 □ べき ~해야한다 □ 新事実 새로운 사실 □ 対して ~에 대해 □ 体勢 자세, 태세 □ 立て直す 재정비하다 □ 早速 즉시, 곧바로 □ 実践 실천

「あのね、マリラ、率直に言わせてもらうと、あんたはとんでもなく馬鹿なことをやらかそうとしてるんだと思うよ。もし、あんたがあたしに今回の件で忠告を聞きにきていたら、あんたは聞きに来なかったよね、マリラ、あたしは、お願いだからそんなことは考えないでって言ってたはずだよ、全く」

「あんたの言うことにも一理あることは否定しないよ、レイチェル。そういう不安は少しはあったさ。でもね、マシューがひどく乗り気だったんだよ。それが分かったので、私が折れることにしたんだ。マシューが自分から何かにしようなんて、そんなにあることじゃないから、そういう場合は私が折れなきゃいけないんだって気になるんだよ。危ない賭けっていうけど、この世で人が何をするにしても大概危ないところがあるわけだし」

"있잖아, 마릴라. 솔직히 말하면 당신들은 아주 바보 같은 일을 저지르려고 하고 있다고 생각해. 만약 나에게 이번 일에 대해 조언을 들으러 왔더라면, 넌 물으러 오지 않았지만, 마릴라, 나는 부탁이니 그런 생각은 하지 말라고 했을 거야, 정말이지."

"네 말에도 일리가 있다는 건 부정하지 않아, 레이첼. 그런 불안이 조금은 있었지. 하지만 매튜가 너무 하고 싶어 했어. 그걸 알았기 때문에 내가 양보하기로 한 거야. 매튜가 자기가 뭘 하자고 나서는 일은 흔치 않으니까, 그럴 땐 내가 양보해야겠구나 하는 생각이 들더라고. 위험한 도박이라고 하지만, 세상에 사람이 뭘 하든 대개 위험한 데가 있는 거고."

☐ 率直 솔직함 ☐ とんでもなく 터무니없이, 말도 안 되게 ☐ 馬鹿 바보 ☐ やらかす 저지르다 ☐ 今回 이번 ☐ 件 건 ☐ 忠告 충고 ☐ 聞く 듣다, 묻다 ☐ くる 오다 ☐ お願い 부탁 ☐ -はずだ ~임이 분명하다 ☐ 全く 완전히, 정말로 ☐ 一理 일리 ☐ 否定 부정 ☐ 不安 불안 ☐ 少し 조금 ☐ 乗り気 내키는 기분, 의욕 ☐ 分かる 이해하다, 알다 ☐ 場合 경우, 상황 ☐ 気になる 마음이 생기다 ☐ 危ない 위험하다 ☐ 賭け 도박, 내기 ☐ この世 이 세상 ☐ 大概 대게, 대부분

「自分の子供を持つのだって危ないところはあるさ、もし何か起こればだけど、いつも満足にいくとは限らないよ」

「そうかい、すべてうまく行くといいねぇ」

レイチェル夫人の口調は、あからさまに疑っているのがありありと分かるものだった。

レイチェル夫人が行ってしまうと、ようやくマリラは緊張から解放された。レイチェル夫人の悲観論に影響されて、マリラは疑いと恐れがまた戻ってくるのを感じていた。

"자신의 아이를 갖는 것도 위험한 점은 있어, 만약 무슨 일이 생기면 말이지만, 항상 만족스럽게만 되는 것도 아니고."

"그래, 다 잘 되면 좋겠네."

레이첼 부인의 말투에서는 노골적으로 의심하는 모습이 역력했다.

레이첼 부인이 돌아가고 나서야 비로소 마릴라는 긴장에서 해방됐다. 레이첼 부인의 비관론에 영향을 받아 마릴라는 의심과 두려움이 다시금 돌아오는 것을 느끼고 있었.

□ 持つ 가지다 □ 起こる 일어나다 □ 満足 만족 □ 限る 한정되다 □ そうかい 그렇구나 (가볍게 받아들이는 반응) □ すべて 모두, 전부 □ うまく行く 잘 되어가다 □ 口調 말투, 어조 □ あからさまに 노골적으로 □ 疑う 의심하다 □ ありありと 뚜렷이, 생생히 □ ようやく 겨우, 드디어 □ 緊張 긴장 □ 解放 해방 □ 悲観論 비관론 □ 影響 영향 □ 恐れ 두려움 □ 戻る 돌아오다 □ 感じる 느끼다

第2章 マシュー・カスバート、仰天

　マシューがブライト・リバーに着いたとき、まだ列車が来る様子はなかった。早くつきすぎたと思ったので、マシューは持ち馬を小さなブライト・リバー・ホテルの囲いに繋ぎ、駅舎の方へ向かった。

　マシューが駅長とちょうど行き合った時、駅長は切符売り場を一旦閉めて、夕食を取りに帰宅するところだった。マシューは五時半の汽車がもうすぐやってくるのか尋ねた。

2장 매튜 커스버트 깜짝 놀라다

　매튜가 브라이트 리버에 도착했을 때 아직 열차가 올 기미는 없었다. 너무 일찍 도착했다고 생각한 매튜는 데리고 온 말을 작은 브라이트 리버 호텔의 울타리에 묶고 역사 쪽으로 향했다.

　매튜가 역장과 마침 마주쳤을 때, 역장은 매표소를 일단 닫고 저녁 식사를 하러 귀가하던 참이었다. 매튜는 다섯 시 반 기차가 곧 오는지를 물었다.

- [ ] 列車 열차 [ ] 様子 상태, 모습 [ ] 早く 일찍 [ ] -すぎ (시간이나 나이 등을 나타내는 말에 붙어) 지남, (동사 연용형에 붙어) 정도가 지나침, 과함 [ ] 囲い 울타리 [ ] 繋ぐ 잇다, 연결하다 [ ] 駅舎 역사 [ ] 向かう 향하다 [ ] 駅長 역장 [ ] ちょうど 막, 마침 [ ] 行き合う 마주치다, 우연히 만나다 [ ] 時 시각, 때 [ ] 切符売り場 매표소 [ ] 一旦 일단 [ ] 閉める 닫다 [ ] 取る 잡다 [ ] 帰宅 귀가 [ ] もうすぐ 이제 곧, 머지않아 [ ] やってくる 다가오다

「五時半の汽車はとうに着いて、半時間前に出発しとります」駅長はあっさり返事した。

「だが、一人お客さんが降りて待っとりますよ。ちっちゃな女の子ですな。そこの屋根板を積んだ上に座っていますよ。

あの子には女性用の待合室に行くよう言ったんですが、外に居るほうが良いって大まじめに言われましてな。『外のほうが想像に広がりがある』とこうですよ。あの子は変わりもんですな、まあそういうことです」

「わしは女の子を待っているのじゃないんです」困ったマシューは言った。「男の子を、わしは迎えにきたんです。ここにいるはずなんだが。アレクサンダー・スペンサーの奥さんがその子を連れて、ノヴァ・スコシアからわしのところまで送る手筈になっておったんですよ」

"5시 반 기차는 진작 도착했고 30분 전에 출발했습니다." 역장은 담담하게 답했다.

"그런데 손님 한 명이 내려서 기다리고 있어요. 어린 여자아이네요. 저기 지붕 널빤지를 쌓아 놓은 곳 위에 앉아 있어요.

저 아이에게 여성용 대기실에 가라고 했는데, 밖에 있는 게 더 좋다면서 아주 진지하게 말하더군요. '밖이 더 상상이 넓어져요.' 이러는 겁니다. 좀 별난 아이지요, 뭐 그런 일입니다."

"저는 여자아이를 기다리는 게 아닙니다." 당황한 매튜가 말했다. "남자아이를 데리러 온 겁니다. 여기 있을 터인데요. 알렉산더 스펜서 씨 부인이 그 아이를 데리고 노바 스코샤에서 저한테 보내기로 되어 있었거든요."

빨간머리 앤 赤毛のアン

□ とうに 이미, 진작에 □ 出発 출발 □ あっさり 담백하게, 순순히 □ 返事 대답 □ お客さん 손님 □ 降りる 내리다 □ 待っとります(=待っております) 기다리고 있습니다 □ ちっちゃい(=ちいさい) 조그마하다 □ 屋根板 지붕 널빤지 □ 積む 쌓다 □ 女性 여성 □ 待合室 대기실 □ 居る 있다 □ 大まじめ 아주 진지하게 □ 広がり 넓어짐, 퍼짐 □ 変わりもん(=変わり者의 구어체) 별난 사람, 특이한 사람 □ わし (노인이 자기 자신을 가리켜) 나, 저 □ 困る 곤란하다, 난처하다 □ 連れる 데리고 오(가)다 □ 送る 보내다 □ 手筈 준비, 순서

「たぶん、何かの間違いでしょう。あの子に直接聞いたらどうです」駅長は関心ない様子で言った。

「あの子なら事情を説明できるでしょうな。自分の考えをすらすら言える子だ、それは確かです」

不幸なマシューは一人残され、ライオンの巣穴でひげを引っ張るより難しく思われることをするはめになった。マシューは心の中で苦悶しながら、体の向きを変えて重い足をひきずり、その子の方へとゆっくり乗車場をおりていった。

"아마, 무언가 착오가 있는 거겠지요. 저 아이에게 직접 물어보면 어떨까요." 역장은 관심 없다는 듯이 말했다.

"저 아이라면 사정을 설명할 수 있을 거요. 자기 생각을 술술 말할 수 있는 아이라는 건 확실해요."

불행한 매튜는 홀로 남겨져 사자 굴에서 사자의 수염을 잡아당기는 것보다 더 어렵게 생각되는 일을 하게 되었다. 매튜는 마음속으로 괴로워하며 몸을 돌렸고, 무거운 발을 끌며 그 아이 쪽으로 천천히 승차장을 내려갔다.

□ たぶん 아마, 어쩌면 □ 間違い 틀림, 잘못 □ 直接 직접 □ 関心 관심
□ 事情 사정 □ 説明 설명 □ すらすら 술술 □ 確か 확실히 □ 不幸 불행
□ 残す 남기다 □ ライオン 사자 □ 巣穴 (동물의) 굴, 집 □ ひげ 수염 □ 引っ張る 끌어당기다 □ より -보다 □ 難しい 어렵다 □ はめる 끼우다, 빠뜨리다, 함정에 넣다 □ 心の中 심중, 마음속 □ 苦悶 고뇌 □ 向き 방향, 방면 □ 変える 바꾸다 □ 重い 무겁다 □ ひきずり 끌다 □ ゆっくり 천천히 □ 乗車場 승차장 □ おりる 내려가다

十一歳くらいの子供で、着ている服は、短くきつきつでみっともない、黄色っぽい灰色の交織であると。その子は色あせたこげ茶のむぎわら帽子をかぶっていて、その帽子の下あるのは、背中まで長く伸びた二本のおさげ。

とても豊かだが、どうしようもなく赤かった。小さな顔は色白でほっそりしており、その上かなりそばかすが目立った。大きめの口元に、大きな目、光の当たりかたと気分によって、ある時は緑に、またある時は灰色にも見えた。

열한 살 정도 되는 아이로 입은 옷은 짧고 꽉 끼며 볼품없는 노란빛이 도는 회색 천으로 된 것이었다. 그 아이는 색이 바랜 다갈색 밀짚모자를 쓰고 있었고, 그 모자 아래로는 등까지 길게 땋은 양 갈래 머리를 하고 있었다.

머리카락은 아주 풍성하지만, 한없이 붉었다. 작은 얼굴은 피부가 희고 갸름했으며, 게다가 주근깨가 꽤 눈에 띄었다. 다소 큰 입가에 커다란 눈은 빛의 방향과 기분에 따라 어떤 때는 초록색으로 또 어떤 때는 회색으로도 보였다.

□ くらい 정도 □ 着る 입다 □ 服 옷 □ 短い 짧다 □ きつきつ 꽉 낌 □ みっともない 보기 흉하다 □ 黄色い 노랗다 □ -ぽい(명사, 동사 연용형에 붙여서 형용사를 만듦) ~의 경향·성질이 있다, ~스럽다 □ 灰色 회색 □ 交織 교직 (두 가지 이상의 실로 짠 직물, 천) □ 色あせる 바래다, 퇴색하다 □ こげ茶 짙은 갈색 □ むぎわら 밀집 □ 帽子 모자 □ かぶる (모자를) 쓰다 □ 背中 등 □ 長く 길다 □ 伸びる 늘어지다 □ おさげ 땋은 양갈래머리 □ 豊かだ 풍부하다 □ どうしようもない 어찌할 도리가 없다 □ 赤かい 빨갛다 □ 顔 얼굴 □ 色白 흰 피부 □ ほっそり 홀쭉한 모양, 호리호리 □ その上 게다가, 더구나 □ かなり 꽤, 상당히 □ そばかす 주근깨 □ 目立つ 눈에 띄다 □ 大きめ 약간 큰, 큰 편의 □ 目 눈 □ 光 빛 □ 当たりかた (어떤 사람·사물의) 닿는 방식, 접촉 태도 □ 気分 기분, 감정 □ による ~에 따라 □ ある時 어느 때

あごがかなりとがってはっきりしていること、大きな二つの目は生命力と活気に満ちていること、口元はかわいらしく感情が豊かであること、ひたいは広く豊かであること。一口でいえば、われらが洞察力ある観察者はこう結論するであろう。

平凡ならざる魂が、このみなし児の女性である入れ物に宿っている。

「マシュー・カスバートさんですね、グリーン・ゲイブルズからいらした？」独特の、澄んだ、感じの良い声で女の子は言った。

「お会いできてとっても嬉しいです」

턱은 꽤 뾰족하고 또렷하며, 커다란 두 눈은 생명력과 활기로 가득하였고, 입가는 사랑스럽고, 감정이 풍부하며 이마는 넓고 풍성하다. 한마디로 말하자면, 우리의 통찰력 있는 관찰자는 이렇게 결론지을 것이다.

평범하지 않은 영혼이, 이 고아 소녀의 몸에 깃들어 있다.

"매튜 커스버트 씨군요, 초록 지붕 집에서 오셨어요?" 특유의 맑고 기분 좋은 목소리로 여자아이는 말했다.

"만나 뵙게 돼서 정말 기뻐요."

□ あご 턱 □ とがる 뾰족하다 □ はっきりする 분명하다, 뚜렷하다 □ 生命力 생명력 □ 活気 활기 □ 満ちる 가득차다 □ かわいらしい 사랑스럽다 □ 感情 감정 □ ひたい 이마 □ 広い 넓다 □ 一口 한마디 □ われら 우리, 우리들, 나 □ 洞察力 통찰력 □ 結論 결론 □ 平凡 평범 □ ～ならざる ~이 아닌 (~ではない의 문어체 표현) □ 魂 영혼 □ みなし児 고아 □ 入れ物 그릇, 외형 (비유적으로 '몸'을 의미) □ 宿る 깃들다, 머물다 □ 独特 독특 □ 澄む 맑다 □ 会う 만나다 □ とっても 대단히, 매우(とても의 힘줌말) □ 嬉しい 기쁘다

「心配になってたんです、いらっしゃらなかったらどうしようって。何か起こって来られないかもしれないって、ありとあらゆることを想像してたんです。

もし今晩迎えにいらっしゃらなかったら、線路の曲がり角にある、あの大きい野生のサクランボの木まで行って、よじ登って一晩過ごそうと決めてました。あたし、ちっとも恐くないんです。

だって素敵じゃないですか、野生のサクランボの木に包まれて眠るなんて、月明かりの中、見渡す限り花で真っ白なのよ、そう思いません？ 自分が大理石の邸宅に住んでいるって想像できるかも、でしょ？ それに、今晩がだめでも、きっと明日の朝には迎えに来て下さるって思ってました」

"걱정하고 있었어요. 혹시 오지 않으시면 어쩌나 하고요. 무슨 일이 생겨서 못 오실 수도 있다고 별의별 상상을 했답니다.

만약 오늘 밤 데리러 오시지 않았다면 선로의 굽이진 모퉁이에 있는 저 커다란 야생 벚나무까지 가서 기어 올라가 하룻밤을 보내려고 마음먹고 있었어요. 저, 전혀 무섭지 않거든요.

왜냐하면 멋지지 않나요? 야생 벚나무에 둘러싸여 잠든다는 게, 달빛 속에서 보이는 것마다 하얀 꽃으로 가득한 거예요, 그렇게 생각 안 드세요? 내가 대리석 저택에 살고 있다고 상상할 수도 있어요, 그렇죠? 그리고 오늘 밤이 아니더라도 분명 내일 아침에는 꼭 데리러 와 주실 거라고 생각했어요."

□ 心配 걱정 □ いらっしゃる '来る(오다)' '行く(가다)'의 존경어 □ ありと 있는 대로, 모두 □ あらゆる 모든, 온갖 □ 線路 선로, 철로 □ 曲がる 굽다, 구부러지다 □ 角 모퉁이 □ 野生 야생 □ サクランボの木 벚나무 □ よじ登る 기어오르다 □ 一晩 하룻밤 □ 過ごす (시간을) 보내다 □ 決める 정하다, 약속하다 □ ちっとも 조금도, 전혀 □ 恐い 무섭다 □ だって 그런데, 왜냐하면 (이유 또는 강조) □ 素敵 멋진, 근사한 □ 包まれる 싸이다, 감싸이다 □ 眠る 자다, 잠들다 □ 月明かり 달빛 □ 見渡す限り 눈에 보이는 것 전부 □ 真っ白 새하얀 □ 大理石 대리석 □ 邸宅 대저택 □ だめ 안 됨, 금지 □ きっと 꼭, 반드시 □ 明日 내일 □ 朝 아침 □ 下さる 주시다 (くれる의 존경형)

マシューは骨ばった小さな手をおずおずと握った。その時、その場で、マシューはこれからどうするか決めたのだった。燃えるような目で見つめるこの子に、間違いだったなんてとても言えなかった。家に連れて帰り、後はマリラにまかせよう。

　とにかく、この子をブライト・リバー駅にこのまま置いておくわけにはいかないからな、たとえどんな間違いがあったとしてもだ。だから質問とか説明は、グリーン・ゲイブルズに戻るまで、全部後回しにしてもいいだろう。

　매튜는 뼈가 도드라진 작은 손을 쭈뼛쭈뼛 잡았다. 그 순간, 그 자리에서 매튜는 앞으로 어떻게 할지 결정했다. 불타는 듯한 눈으로 자신을 바라보는 이 아이에게 잘못 온 거라고는 도저히 말할 수 없었다. 집에 데려가고, 이후는 마릴라에게 맡기자.
　어쨌든 이 아이를 브라이트 리버 역에 이대로 둘 수는 없으니까, 설령 어떤 착오가 있었더라도 말이다. 그러니 질문이나 설명은 초록 지붕 집에 돌아갈 때까지 전부 나중으로 미뤄도 괜찮겠지.

□ 骨ばる 뼈가 도드라져 보이는, 앙상한 □ 手 손 □ おずおず 주뼛주뼛 □ 握る 쥐다, 잡다 □ その場 그자리, 그 상황 □ 燃える (불처럼) 타다 □ 見つめる 응시하다, 뚫어지게 보다 □ 帰る 돌아가다, 귀가하다 □ 後 이후, 다음 □ まかせる 맡기다 □ とにかく 어쨌든 □ 置いておく 놓아두다, 놔두다 □ たとえ 설령 □ どんな 어떤 □ 質問 질문 □ 説明 설명 □ 全部 전부 □ 後回し 뒤로 미룸

「済まないな、遅くなった」マシューは恐る恐る言った。「こっちだよ。うちの馬が向こうの囲いにいるんだ。その鞄を貸しなさい」

「あ、あたしが持ちます」その子は元気に返事した。

「重くないの。あたしの全財産を入れてるんだけど、重くないの。持ちかたが悪いと、取っ手がとれるんです。だから、あたしが持たなくちゃ、持つコツもちゃんと知ってるし。すごく古い旅行鞄なの。あ～あ、おじさんが来てくれたんでほんとに嬉しい、たとえ野生のサクランボの木に包まれて眠るのが素敵だとしてもね。あたし達、ずいぶん遠くまで馬車に乗らなくちゃいけないんでしょう？スペンサー夫人が八マイルあるって言ってたんです。でもあたしは嬉しいわ」

"늦어서 미안하구나." 매튜가 조심스럽게 말했다. "이쪽이야. 우리 말이 저쪽 울타리에 있어. 그 가방은 나한테 주려무나."

"아, 제가 들게요." 그 아이가 씩씩하게 대답했다.

"무겁지 않아요. 제 전 재산이 들어 있긴 하지만, 무겁지 않아요. 잘못 들면 손잡이가 떨어져요. 그러니까 제가 드는 게 나아요, 잡는 요령도 잘 알고요. 엄청 오래된 여행 가방이에요. 아~아, 아저씨가 와줘서 정말 기뻐요, 야생 벚나무에 둘러싸여 자는 것도 멋지지만요. 우리 아주 멀리까지 마차를 타고 가야 하는 거죠? 스펜서 부인이 8마일(12킬로미터)쯤 된다고 하셨어요. 그래도 저는 기뻐요."

빨간머리 앤 赤毛のアン

☐ 済まない (사과·감사·부탁의 뜻으로) 미안하다 ☐ 遅い 늦다 ☐ 恐る恐る 조심조심, 두려워하며 ☐ 鞄 가방 ☐ 貸す 빌려주다 ☐ 財産 재산 ☐ 持ちかた 잡는 법 ☐ 悪い 나쁘다 ☐ 取っ手 손잡이 ☐ とれる 떨어지다, 빠지다 ☐ コツ 요령, 비결 ☐ ちゃんと 확실히, 충분히 ☐ 知る 알다 ☐ すごく 굉장히, 몹시 ☐ 古い 오래되다, 낡다 ☐ 旅行鞄 여행 가방 ☐ おじさん 아저씨 ☐ ほんと 정말, 진짜 ☐ 嬉しい 기쁘다 ☐ 乗る 타다

馬車に乗るのが大好きなんだもの。なんだか夢みたい、おじさんと一緒に住んで、おじさんの家族になるなんて。あたし、誰かの家族になったことがないの、本物の家族にね。そういえば孤児院は最低だったわ。

四ヶ月しかいなかったけど、もう充分。おじさんは孤児院のお世話になったことなんかないだろうし、どんな風だか全然分からないと思うな。想像するよりずっとひどいんだから」

女の子は片手を伸ばし、馬車の脇を擦っている野生のプラムを一枝折った。

「美しい木ね？ 土手から伸びてるあの木、何もかも純白でレースでできてるみたい、あの木を見て何か思わない？」女の子が聞いた。

「うむ、そうだな、わからんよ」とマシュー。

 마차 타는 걸 정말 좋아하거든요. 뭔가 꿈만 같아요, 아저씨랑 같이 살고, 아저씨의 가족이 된다니요. 저는 누구의 가족이 되어 본 적이 없어요. 진짜 가족말이에요. 그러고 보니 고아원은 최악이었어요.

 4개월밖에 있지 않았지만, 이미 충분해요. 아저씨는 고아원에서 지낸 적이 없을 테고 어떤 식인지 전혀 모를 거예요. 상상하는 것보다 훨씬 끔찍하다니까요."

 여자아이는 한 손을 뻗어 마차 옆을 스치는 야생 자두나무 가지 하나를 꺾었다.

 "아름다운 나무네? 흙둑에서 자라는 저 나무, 전부 순백 레이스로 만들어진 것 같아, 저 나무를 보면 뭔가 생각나지 않으세요?" 여자아이가 물었다.

 "음, 그런가, 모르겠어." 하고 매튜가 대답했다.

빨간머리 앤 赤毛のアン

- □ 大好き 매우 좋아하는 모양 □ 夢 꿈 □ 一緒に 함께, 같이 □ 家族 가족
- □ 本物 진짜 □ そういえば 그러고 보니 □ 最低 최악 □ 充分 충분 □ 世話になる 신세를 지다, 도움을 받다 □ 風 생활양식, 모양 □ 全然 전혀 □ ひどい 심하다, 가혹하다 □ 片手 한 손, 일방, 한 짝 □ 脇 옆, 곁 □ 擦る 스치다 □ プラム 자두 □ 一枝 가지 하나 □ 美しい 아름답다 □ 土手 둑, 제방 □ 何もかも 모든 것 □ 純白 순백 □ レース 레이스

「そりゃ、花嫁よ、もちろん。上から下まで純白で装って、魅力的なおぼろなベールをつけた花嫁。花嫁さんは一度も見たことないけど、どんな風に見えるか想像できるわ。あたしは、絶対花嫁になれないと思うな。

ありふれてるから、誰もあたしと結婚したくないだろうし。海外宣教師とかでないと無理。海外宣教師なら、あんまり好みがやかましくないと思うの。でも、ほんとにいつか、真っ白な婚礼衣装を着られるといいな。

"그야, 신부잖아요, 당연한 걸요. 머리부터 발끝까지 새하얀 옷을 입고, 매혹적인 희미한 베일을 쓴 신부요. 전 신부를 한 번도 본 적 없지만, 어떤 모습일지는 상상할 수 있어요. 저는 절대 신부가 될 수 없다고 생각해요.

너무 평범하니까 아무도 나랑 결혼하고 싶지 않을 거예요. 해외 선교사 같은 사람이 아니면 무리예요. 해외 선교사라면 그렇게 취향이 까다롭진 않을 것 같거든요. 그래도 언젠가는 진짜 새하얀 웨딩드레스를 입을 수 있으면 좋겠어요.

빨간머리 앤 赤毛のアン

□ 花嫁 신부 □ もちろん 물론, 말할 것도 없이 □ 上から下まで 위에서 아래까지 □ 装う 차려입다, 꾸미다 □ 魅力的 매력적 □ おぼろ 희미한 모양, 아련함 □ ベール 베일 □ つける 붙이다 □ 一度 한 번 □ 見える 보이다 □ ありふれる 흔하다, 평범하다 □ 結婚 결혼 □ 海外宣教師 해외선교사 □ 無理 무리 □ あんまり 별로, 그다지 □ 好み 취향 □ やかましい 까다롭다 □ いつか 언젠가 □ 婚礼衣装 혼례복, 웨딩드레스

だって、またの機会なんかあるかどうか分からないもの。あ、またたくさん、満開のサクランボの木だ。この島ってどこよりも花が満開なところね。もうここが大好きになったわ。ここに住めるなんてとっても嬉しい。いつもプリンス・エドワード島は世界で一番奇麗な島だって聞いてたので、そこに住んでいるって良く想像したけど、そうなるとは全然思わなかったもの。夢がかなうんだからとっても気分がいいわよね？」

マシューは大いに驚いていた。楽しいのだ。自分の鈍い頭ではこの子の頭の速い回転について行くのが難しいが、「この子のおしゃべりはなんだか面白い」と思ったのだ。

「夢が全部かなったら素敵でしょうね？ でも、今、ほとんど完璧に近いほど幸せって感じてるわ。あたしは絶対完璧な幸せにはなれないの。だって、ほら、これ何色だと思う？」

왜냐하면 또 이런 기회가 있을지 어떨지는 모르는 거잖아요. 아, 또 잔뜩, 피어있는 체리 나무예요. 이 섬은 어디보다 꽃이 만개한 곳이네요. 벌써 여기가 너무 좋아졌어요. 여기서 살 수 있다니 너무 기뻐요. 항상 프린스 에드워드 섬이 세상에서 가장 예쁜 섬이라고 들어서 그곳에 사는 상상은 자주 해봤지만, 이렇게 될 줄은 전혀 생각 못 했어요. 꿈이 이루어지니 정말 기분이 좋죠?"

매튜는 매우 놀라고 있었다. 즐거운 것이다. 자신의 둔한 머리로는 이 아이의 빠른 회전을 따라가기 힘들지만, '이 아이의 수다는 뭔가 재미있어'라고 생각한 것이다.

"꿈이 전부 이루어진다면 멋지겠죠? 하지만 지금은 거의 완벽에 가까울 정도로 행복하다고 느껴요. 저는 절대 완벽한 행복에는 도달할 수 없어요. 왜냐하면, 봐봐요, 이거 무슨 색이라고 생각해요?"

☐ 機会 기회 ☐ たくさん 많은, 충분함 ☐ 満開 만개 ☐ 島 섬 ☐ 世界 세계 ☐ 夢がかなう 꿈이 이루어지다 ☐ 大いに 대단히, 크게 ☐ 鈍い 둔하다 ☐ 速い 빠르다 ☐ 回転 (머리의)회전 ☐ ついて行く 쫓아가다 ☐ おしゃべり 재잘거림, 수다 ☐ 面白い 재미있다 ☐ かなう 이루어지다 ☐ 今 지금 ☐ ほとんど 대부분 ☐ 完璧 완벽 ☐ 近い 가깝다 ☐ 幸せ 행복 ☐ 色 색

その子は、やせた肩の後ろまで伸びた、長い光沢のあるおさげを引っ張りだし、マシューの目の前に差し出した。マシューは女性の髪の房の色合いを見分けるのは慣れていなかったが、この場合はそんなに疑わしいところはなかった。

「赤、かね?」とマシュー。

女の子は、おさげを後ろに戻しながら、ため息をついた。まさに足元から沸き上がり、長年のすべての悲しみを吐き出すため息だった。

「そう、赤なの」諦めたように、その子は言った。

「もうわかるでしょう、あたしが完全に幸せになれないって。これ以外のことならそんなに気にならないのよ。

그 아이는 야윈 어깨 뒤까지 뻗은, 길고 윤기 나는 땋은 머리를 끌어내 매튜의 눈앞에 내밀었다. 매튜는 여성의 머리카락 색깔을 구분하는 것이 익숙하지 않았지만, 이 경우는 의심의 여지가 없었다.

"빨강인가?" 하고 매튜가 말했다.

여자아이는 땋은 머리를 뒤로 넘기며 한숨을 내쉬었다. 실로 발끝에서부터 솟아오르는, 오랜 세월의 모든 슬픔을 토해내는 한숨이었다.

"그래요, 빨간색이에요." 체념한 듯 그 아이는 말했다.

"이제 알겠죠, 제가 완전히 행복해질 수 없다는걸. 이것 말고 다른 거라면 그렇게 신경 쓰이지 않아요.

빨간머리 앤 赤毛のアン

☐ 肩 어깨 ☐ 後ろ 뒤 ☐ 光沢 광택 ☐ 引っ張りだす 끌어내다 ☐ 差し出す 내밀다 ☐ 房 다발, 술, 송이 ☐ 色合い 색조, 색의 느낌 ☐ 見分ける 식별하다 ☐ 慣れる 익숙하다 ☐ 疑わしい 의심스럽다 ☐ 戻す (본디 자리·상태로) 되돌리다, 갚다 ☐ ため息をつく 한숨을 쉬었다 ☐ まさに 실로, 정말로 ☐ 足元 발밑 ☐ 沸き上がる 끓어오르다 ☐ 長年 긴 세월 ☐ 悲しみ 슬픔 ☐ 吐き出す 내뿜다, 쏟아내다 ☐ 諦める 체념하다 ☐ 以外 이외 ☐ 気になる 신경 쓰다

そばかすとか、目が緑だとか、やせてるとかは。そんなの想像でなくしてしまえるもの。あたしは美しいバラの花弁のかんばせで、愛らしい星のような菫の瞳だって想像できるわ。でも、できないの、想像で赤い髪を変えるのは。全てをつくしてやるのよ。あたしは自分に言い聞かせる、「さあ、あたしの髪は神々しい黒、黒く、カラスのぬれ羽色のよう」でもいつもわかるの、そんなじゃなくてただの赤だって。そして私の心はこなごなになるの。

一生の間続く悲しみなんだわ。前に読んだんだけど、小説の中である女の子が一生の間、悲しみ続けてたわ。でもその悲しみは赤い髪のことじゃなかった。その人の髪は純粋なこがね色で、アラバスターの額から背中まで波打っていたわ。アラバスターのひたいってどんなのかな？ ぜんぜん分からなかったわ。おじさん分かる？」

주근깨라든가 눈이 초록색이라든가 말랐다는 것, 그런 건 상상으로 없애버릴 수 있어요. 나는 아름다운 장미 꽃잎 같은 얼굴에, 사랑스러운 별과 같은 제비꽃빛 눈동자라고 상상할 수 있으니까. 하지만 상상만으로는 이 빨간머리를 바꿀 수 없어요. 할 수 있는 모든 걸 하는 거예요. 저는 스스로를 타일러요. '자, 내 머리는 신비로운 까만색, 까맣고, 까마귀의 젖은 깃털 같은 윤기 나는 머리야.' 하지만 항상 알아차리게 돼요. 그냥 빨간색일 뿐이라는 걸. 그리고 제 마음은 산산조각이 나버려요.

평생 계속되는 슬픔이에요. 전에 읽었는데, 소설에서 어떤 여자아이가 평생 슬픔을 안고 살아가더라고요. 하지만 그 슬픔은 빨간머리 때문이 아니었어요. 그 사람의 머리는 순수한 황금빛이고 알라배스터 같은 이마에서부터 등을 따라 물결치듯 흘러내렸어요. 알라배스터 이마라는 게 어떤 걸까? 전혀 모르겠어요. 아저씨는 아세요?"

빨간머리 앤 赤毛のアン

□ バラ 장미 □ 花弁 꽃잎 □ かんばせ 얼굴, 용모 □ 愛らしい 귀엽다, 사랑스럽다 □ 星 별 □ 菫 제비꽃 □ 瞳 눈동자 □ 全て 모두 □ つくす 다하다 □ やる (어떤 행위, 무엇인가를) 하다 □ 言い聞かせる 타이르다 □ 神々しい 신성한, 신비롭고 찬란한 □ カラス 까마귀 □ ぬれ羽色 물에 젖은 까마귀의 깃털처럼 윤기 있는 색 □ 心 마음 □ こなごな 박살이 남, 산산조각이 남 □ 一生 평생 □ 間 -동안 □ 読む 읽다 □ 小説 소설 □ 純粋 순수 □ こがね 황금 □ アラバスター 알라배스터 (백색 대리석의 일종, 맑고 반투명한 고급 재료) □ 波打つ 물결치다

「うむ、そうだな、済まんが分からんな」とマシュー、少し目眩がしてきた。

　二人は丘のちょうど頂を越えたところだった。二人の下手には池があり、川といって差し支えないほど細長く、曲がりくねっていた。橋から下手に至るまで、池は次々と変わるたくさんの色相からなる美の極みだった。クロッカス、バラ そして未だ誰も名付けたことのない言葉を越えた諸々の色合いからなる、何よりも魂を揺るがす陰影だった。

"음, 글쎄, 미안한데 잘 모르겠구나." 매튜는 조금 어지러워졌다.

　두 사람은 막 언덕의 꼭대기를 넘은 참이었다. 그들 아래에는 연못이 있었는데, 강이라고 해도 될 만큼 가늘고 길게 구불구불 이어져 있었다. 다리에서 아래쪽까지 이어지는 그 연못은, 시시각각 변하는 수많은 색조로 이루어진 아름다움의 극치였다. 크로커스, 장미 그리고 아직 아무도 이름 붙이지 않은, 말로 표현할 수 없는 온갖 색조로 이루어진, 무엇보다도 영혼을 뒤흔드는 빛과 그림자의 어우러짐이었다.

- □ 目眩 현기증 □ ちょうど 꼭, 마침 □ 頂 꼭대기, 정상 □ 池 연못 □ 差し支える 지장이 있다, 방해가 되다 □ 細長い 길고 가느랗다 □ 曲がりくねる 꼬불꼬불 구부러지다 □ 橋 다리 □ 次々 차례로 □ 色相 색감, 색의 조화 □ 美 미, 아름다움 □ 極み 극치, 절정 □ クロッカス 크로커스 □ 未だ 아직, 계속 □ 名付け 이름을 지어줌 □ 言葉 언어 □ 諸々 여러 가지, 갖가지 □ 揺るがす 흔들다, 뒤흔들다 □ 陰影 명암, 빛과 그림자

二人がもう一つ丘を越えて曲がり角を曲がったところで、マシューが言った。
「家までもうすぐそこだよ。あれがグリーン・ゲイブルズだ、向こうの——」
「あぁ、言わないで」慌てて遮ると、マシューの上げかけた腕を押さえ、しぐさが見えないように目をつぶった。「あたしに当てさせて。ちゃんと当てて見せるわ」
　女の子は目を開けてあたりを見回した。一つまた一つと、その子の視線が投げかけられた、熱心に、そしてあこがれるように。ようやくその目が落ち着いたのは、左側遠くの、街道からだいぶ引っ込んでいて、周りを森で囲まれた、たそがれの中で花盛りの木々がぼんやりと白く見える一件の農家だった。その上に広がる清浄な南西の空には、大きな水晶のように透明な星が、導きと約束の灯のように輝いていた。

두 사람이 언덕을 하나 더 넘고, 길모퉁이를 돌았을 때 매튜가 말했다.
"집까지 거의 다 왔어. 저게 초록 지붕 집이란다, 저쪽에—"
"아, 말하지 마세요!" 앤은 황급히 말을 가로막고, 매튜가 올리려던 팔을 눌러 내리며 그 동작이 보이지 않도록 눈을 꼭 감았다. "제가 맞혀볼게요. 꼭 맞혀 볼 거예요."
여자아이는 눈을 뜨고 주위를 둘러보았다. 하나, 또 하나씩 그 아이의 시선이 던져졌고 열심히, 그리고 동경하듯이 머물렀다. 마침내 그 눈길이 머문 곳은 왼편 멀리, 가도에서 한참 안쪽으로 들어가 있어 숲에 둘러싸인 채 황혼 속에 흐릿하게 하얗게 꽃피어 있는 나무들이 보이는 한 농가였다. 그 위로 펼쳐진 청정한 서쪽 하늘에는 커다란 수정처럼 투명한 별이 인도와 약속의 등불처럼 빛나고 있었다.

□ 慌てる 당황하다, 서둘러 하다 □ 遮る 가로막다, 방해하다 □ 上げる 들다, 올리다 □ ~かける 어떤 동작이 막 시작되었거나, 하려다가 멈춘 상태를 나타내는 표현 □ 腕 팔 □ 押す 밀다 □ しぐさ 동작 □ 目をつぶる 눈감다 □ 当てる 맞히다 □ 開ける 열다 □ あたり 근처, 언저리 □ 見回す 둘러보다 □ 視線 시선 □ 投げ掛ける (말이나 시선을) 상대를 향해 보내다 □ 熱心 열심 □ あこがれる 동경하다 □ 左側 왼쪽, 왼편 □ だいぶ 상당히 □ 引っ込む 안으로 들어가다 □ 周り 둘레, 주변 □ たそがれ 황혼, 땅거미 □ 花盛り 꽃이 한창임, 또 그 계절 □ 木々 나무들 □ ぼんやり 어렴풋이 □ 農家 농가 □ 清浄 청정 □ 南西 남서 □ 水晶 수정 □ 透明 투명 □ 導く 인도하다, 이끌다 □ 約束 약속 □ 灯 등불, 빛 □ 輝く 빛나다, 반짝이다

「あの家ね、そうじゃない？」指差してその子は言った。

マシューは、満足そうに栗毛の背中に手綱をくれた。

「うむ、そうだな、当たりだ！ だが、思うに、スペンサーさんがいろいろと話してくれてたんで分かったんだろう」

「いいえ、話してもらってないわ。本当にそうなの。あたしは、どんな風な様子か全然知らなかったもの。でも、あの家を見たとき、これがあたしの家なんだと感じたの。あぁ、何だか夢の中にいるみたい。」喜びのあまりため息をついて、女の子は沈黙へと逆戻りしていくのだった。マシューは、落ち着かないように身動きした。有り難かったのは、自分ではなくマリラが、この、世間をさ迷う宿無し児に、憧れていた家は、結局のところおまえのものではないと、告げることになるだろうということだ。

"저 집이에요, 그렇지 않아요?" 그 아이는 손가락으로 가리키며 말했다.

매튜는 만족스러운 듯이 밤색 말의 등에 고삐를 풀었다.

"응, 그래, 정답이야! 하지만 내 생각엔, 스펜서 씨가 여러 가지 말해줘서 알 수 있었던 거 같구나."

"아니에요, 말해주지 않았어요. 정말이에요. 전 어떤 느낌의 모습인지 전혀 몰랐는걸요. 그런데 저 집을 봤을 때, 이게 내 집이란 느낌이 들었어요. 아아, 뭔가 꿈속에 있는 것 같아요." 기쁜 나머지 한숨을 내쉬며, 여자아이는 다시 침묵 속으로 돌아갔다. 매튜는 어딘가 불안한 듯 몸을 움직였다. 다행이라고 느낀 건, 이 세상을 떠도는 집 없는 아이에게, 동경하던 그 집은 결국 네 것이 아니라고 말해야 할 사람이 자신이 아니라 마릴라라는 점이었다.

빨간머리 앤 赤毛のアン

□ 指差す 손가락으로 가리키다 □ 手綱をくれた 고삐를 늦추다, 느슨하게 몰다 □ 当たり 적중, 정답 □ 話す 말하다, 이야기하다 □ 喜び 기쁨 □ あまり 너무, 지나치게 □ 息 호흡, 숨을 쉬는 것 □ 沈黙 침묵 □ 逆戻り 제자리(본디 상태)로 되돌아감 □ 身動き 몸을 움직임 □ 有り難い 고맙다 □ 世間 세간, 사회 □ さ迷う 헤매다 □ 宿 집 □ 無し 없음 □ 児 아이 □ 結局 결국 □ おまえ 너, 자네 □ 告げる 알리다

建物に到着するころまでに、マシューは、自分でも理解しがたい力を込めて、真実が暴露される時が刻一刻近づくのをなんとかして避けようとしていた。この子の目から喜びの光が消え去るのだと考えると、何かを殺す手伝いをするような、どうにも不愉快な気持ちになるのだった。子羊や子牛、あどけなくてまだ小さい生き物を殺さなくてはならない時に沸き起こる気持ちと同じだった。馬車で乗り付けた時には、庭はすっかり暗くなっており、庭の周りではポプラの葉がさやさやと鳴っていた。「聞いて、ポプラの木が眠りながらおしゃべりしてるのよ」マシューがその子を馬車から抱き降ろす時、女の子は囁いた。「きっと、素敵な夢を見てるんだわ!」

　そして、「全財産」を詰めた旅行鞄をしっかり握り締め、その子はマシューに続いて家の中に入っていった。

　집에 도착할 즈음까지 매튜는 자신도 이해하기 어려운 힘을 다해 진실이 폭로될 때가 시시각각 다가오는 것을 어떻게든 피하려 하고 있었다. 이 아이의 눈에서 기쁨의 빛이 사라질 거라고 생각하면 무언가를 죽이는 것을 돕는 듯한, 아무래도 불쾌한 기분이 드는 것이었다. 어린 양이나 송아지, 천진난만한 작은 생물을 죽여야 할 때 드는 기분과 같았다. 마차가 도착했을 때, 정원은 완전히 어두워져 있었고 정원을 둘러싼 포플러 나뭇잎이 바스락바스락 소리를 냈다. "들어봐요, 포플러 나무가 잠들면서 수다 떨고 있어요." 매튜가 그 아이를 마차에서 안아 내릴 때 여자아이는 속삭였다. "분명 멋진 꿈을 꾸고 있는 거야!"

　그리고 '전 재산'을 넣은 여행 가방을 꼭 움켜쥐고, 그 아이는 매튜를 따라 집 안으로 들어갔다.

□ 建物 건물 □ 到着 도착 □ 理解 이해 □ -がたい ~하기 어렵다 □ 力 힘 □ 込める (힘·마음 등을) 담다 □ 真実 진실 □ 暴露 폭로 □ 刻一刻 시시각각 □ 近づく 다가가다 □ 避ける 피하다 □ 消え去る 사라지다, 없어지다 □ 殺す 죽이다 □ 手伝い 도움 □ 不愉快 불쾌함 □ 気持ち 기분 □ 子羊 새끼 양 □ 子牛 송아지 □ あどけない 천진난만하다 □ 生き物 생물 □ 沸き起こる 솟아나다, 복받치다 □ 同じ 같음, 동일 □ 乗り付ける (목적지에) 타고 도착하다 □ 葉っぱ 잎 □ さやさや 바스락바스락 (나뭇잎 소리 등) □ 鳴る 울리다 □ 抱き降ろす 안고 내려주다 □ 囁く 속삭이다 □ 詰める 채우다 □ 夢を見る 꿈을 꾸다 □ しっかり 단단히, 똑똑히 □ 握り締める 꼭 쥐다, 움켜잡다

第3章 マリラ・カスバート、仰天

　マリラは、マシューが家のドアを開けると、待ってましたとばかりにやってきた。しかし、この風変わりな小さな姿、ごわごわしたみっともない服を着て、長い赤毛のおさげの期待でいっぱいの輝くこの子を目にすると、仰天して足が止まってしまった。

「マシュー・カスバート、その子は誰？」マリラは激しい調子で言った。「男の子は何処なの？」

「男の子なんかいなかった」マシューは嫌々言った。「いたのはこの女の子だけだったよ」

　マシューはその子に向かってうなずきながら、まだ名前さえ聞いていなかったことに気がついた。

3장 마릴라 커스버트, 깜짝 놀라다

마릴라는 매튜가 집 문을 열자마자, 기다렸다는 듯이 다가왔다. 그러나 이 별난 작은 아이의 모습, 뻣뻣한 볼품없는 옷을 입고, 긴 붉은 머리를 양갈래로 땋은 채, 기대감으로 가득 차 반짝이는 이 아이의 눈을 보고 너무 놀라 그 자리에서 멈추고 말았다.

"매튜 커스버트, 그 아이는 누구야?" 마릴라는 날카로운 어조로 말했다. "남자아이는 어디 있어?"

"남자아이는 없었어." 매튜는 마지못해 말했다. "있었던 건 이 여자아이뿐이었어."

매튜는 그 아이 쪽을 향해 고개를 끄덕이며, 아직 이름조차 물어보지 않았다는 사실을 깨달았다.

☐ ~とばかりに ~라는 듯이 ☐ やってくる 다가오다 ☐ 風変わり 색다른, 별난 모양; 그런 물건이나 사람 ☐ ごわごわ 종이나 헝겊 따위가 딱딱해서 부드럽지 않은 모양, 뻣뻣한 모양 ☐ 期待 기대 ☐ いっぱい 가득 ☐ 目にする (실제로) 보다 ☐ 止まる 머물다, 움직이지 않다 ☐ 激しい 기세가 강하다, 정도가 심하다 ☐ 調子 상태, 기세 ☐ 嫌々 마지못해, 싫지만 어쩔 수 없이 ☐ うなずく 고개를 끄덕이다 ☐ 名前 이름 ☐ 気がつく 깨닫다

「男の子がいなかった！ そんな、男の子がいたはずよ」マリラは譲（ゆず）らなかった。

「うちではスペンサーの奥さんに言付（ことづ）けて、男の子を連れてくるよう頼んだのよ」

「うん、そうじゃなかったんだな。奥さんはこの子を連れてきたんだ。駅長に聞いたんだが。それでこの子をうちに連れてくることになったんだ。この子はそこに置いとけなかったよ、どこかで間違いがあったにしてもな」

「ああそう、大（たい）した厄介事（やっかいこと）だわね！」激しくマリラは言った。

"남자아이가 없었다니! 그럴 리가 없어, 남자아이가 있었을 텐데." 마릴라는 물러서지 않았다.

"우리 쪽에서는 스펜서 부인에게 전해서 남자아이를 데려오라고 부탁했다고."

"응, 그게 아니었어. 부인은 이 아이를 데려왔더라고. 역장한테 들었어. 그래서 이 아이를 우리 집으로 데려오게 된 거야. 이 아이를 거기에 둘 수 없었어, 어딘가에서 착오가 있었다고 해도 말이야."

"아유, 정말 큰 일이네!" 격렬하게 마릴라는 말했다.

빨간머리 앤 赤毛のアン

□ -はず ~일 리, ~했을 터 □ 譲る 양보하다 □ 言付け 전언, 전갈 □ **頼む** 부탁하다 □ **大した** 보통이 아닌, 대단한 □ 厄介事 골칫거리

二人の会話を聞きながら、この子はさっきから黙ったままだった。目だけは二人の会話を追っていたが、顔からはさっきまでの表情が消え去っていた。と、その時、それまでの話しの意味が全て通じたようだった。大事に抱えた旅行鞄が落ちるのも構わず、その女の子は思わず一歩踏み出し、両手をぎゅっと組み合わせた。

「二人ともあたしが要らないんだ！」その子は怒鳴った。

「二人ともあたしが要らないんだ、どうせあたしは男の子じゃないわよ！ こんなことだと思ったわよ。今まであたしを要る人、いなかったもの。何もかも素晴らし過ぎて、続きっこなかったのよ。誰も、本当にあたしが要るわけなかったのよ。あぁ、どうしたらいいの？ 涙がこぼれそう！」

두 사람의 대화를 들으며 이 아이는 아까부터 줄곧 말이 없었다. 눈만은 두 사람의 말을 쫓고 있었지만, 얼굴에서는 조금 전까지의 표정이 완전히 사라졌다. 그러다, 그 순간, 지금까지의 이야기가 뜻하는 바를 전부 알아차린 듯했다. 소중히 껴안고 있던 여행 가방이 떨어지는 것도 아랑곳하지 않고, 그 여자아이는 저도 모르게 한 걸음 앞으로 나아가 두 손을 꼭 맞잡았다.

"두 분 다 저를 원하지 않는군요!" 아이는 소리쳤다.

"두 사람 다 나를 원하지 않아, 어차피 나는 남자아이가 아니니까! 이럴 줄 알았어. 지금까지 나를 원한 사람은 없었어. 모든 게 너무나도 멋져서 계속될 리가 없었어. 아무도 진심으로 나를 원할 리 없잖아. 아아, 어떡하지? 눈물이 쏟아질 것 같아!"

빨간머리 앤 赤毛のアン

□ 会話 대화 □ さっき 아까, 조금 전 □ 黙る 조용히 있다, 침묵하다 □ 追う 쫓다 □ 表情 표정 □ 意味 의미 □ 通じる 통하다 □ 大事に 소중히 □ 抱える 안다, 껴안다 □ 構う 신경 쓰다 □ 思わず 엉겁결에, 뜻밖에 □ 一歩 한 걸음 □ 踏み出す 내딛다 □ 両手 양손 □ ぎゅっと 꽉, 단단히 □ 組み合わせる 맞잡다 □ 要る 필요하다 □ 怒鳴る 고함치다, 소리치다 □ どうせ 어차피 □ 素晴らしい 훌륭하다 □ -過ぎ (동사 연용형에 붙어) 정도가 지나침, 과함 □ -っこない (동사 연용형에 붙여서 형용사화함) ~할 리가, 할 턱이 없다, 결코~하지 않다 □ 涙 눈물 □ こぼれる 넘치다

存分にその子は涙をこぼした。テーブル脇の椅子に崩れ落ち、両腕をテーブルの上に投げ出して、その中に顔を埋めながら、嵐のように泣き始めた。マリラとマシューは、ストーブ越しにお互い非難の目で見合った。二人とも一言もなかった。結局マリラが、その砕け散る荒波にしぶしぶ足を踏み入れた。

「さあ、もう泣かないで。あんたを、今夜追い出そうなんてつもりはないからね。この件の調べがつくまでは、あんたはここにいることになるんだよ。あんた、名前は何だい？」

その子はちょっとためらった。

「あたしをコーデリアと呼んでくれる？」女の子は熱心に言った。

「コーデリアと呼んで！それがあんたの名前なのかい？」

그 아이는 마음껏 눈물을 쏟았다. 탁자 옆 의자에 무너지듯 주저앉아 양팔을 탁자 위로 내던지듯 뻗고 그 안에 얼굴을 파묻은 채 폭풍처럼 울기 시작했다. 마릴라와 매튜는 난로 너머로 서로를 비난의 눈초리로 바라보았다. 두 사람 모두 아무 말도 없었다. 결국 마릴라가 그 부서지는 거센 파도에 마지못해 발을 들였다.

"자, 이제 울지 말거라. 너를 오늘밤 내쫓을 생각은 없으니까. 이 일이 어떻게 된 건지 확인되기 전까지는, 넌 여기 있게 될 거야. 너는 이름이 뭐니?"

그 아이는 잠시 망설였다.

"저를 코델리아라고 불러주시겠어요?" 여자아이는 간절하게 말했다.

"코델리아라고 불러달라니! 그게 네 이름이니?"

빨간머리 앤 赤毛のアン

□ 存分 뜻대로, 생각대로 □ こぼす 흘리다, 쏟다 □ 椅子 의자 □ 崩れ落ちる 무너져 내리다, 주저앉다 □ 両腕 양팔 □ 投げ出す 내던지다, 팽개치다 □ 埋める 묻다 □ 嵐 폭풍우 □ 泣き 울음 □ 始める 시작하다 □ ストーブ 난로 □ 越しに ~을 넘어서, ~을 사이에 두고 □ お互い 서로 □ 見合う 서로 보다, 마주하다 □ 一言 한마디 말 □ 砕け散る 부서져 흩어지다 □ 荒波 거센 파도 □ しぶしぶ 마지못해 □ 足を踏み入れる 발을 들이다 □ 追い出す 내쫓다 □ つもり ~할 생각, 예정 □ この件 이번 일, 이번 사건 □ 調べがつく 충분히 조사가 끝나다 □ ためらう 주저하다, 망설이다 □ 呼ぶ 부르다

「別にそういうわけじゃ……。必ずしもあたしの名前じゃないけど、どうしてもコーデリアと呼ばれたいの。すっごくおしとやかな名前だもの」

「いったい何を言いたいんだか分からないよ。もしコーデリアがあんたの名前じゃないなら、何ていうんだね？」

「アン・シャーリー」その名前の主はしぶしぶ口を開いた。「でも、ねぇ、お願い、あたしをコーデリアって呼んで。あたしはここにちょっとしか居ないんだから、おばさんにはどっちでも構わないでしょう？　それに、アンはすっごくアンロマンチックな名前だもの」

「アンロマンチックだって、馬鹿馬鹿しい！」と、マリラは切り捨てた。「アンはとても立派で、ちゃんとした名前だよ。恥ずかしがることじゃないさ」

"딱히 그런 건 아니지만……. 꼭 제 이름이라는 건 아니지만, 어떻게든 코델리아라고 불리고 싶어요. 너무나도 우아한 이름이잖아요."

"도대체 무슨 말을 하고 싶은지 모르겠구나. 만약 코델리아가 네 이름이 아니라면 네 이름은 뭐니?"

"앤 셜리." 그 이름의 주인은 마지못해 입을 열었다. "그렇지만, 제발, 저를 코델리아라고 불러주세요. 전 여기 잠깐 있을 뿐이니까, 아주머니는 어느 쪽이든 상관없잖아요? 게다가 '앤'은 정말이지 낭만이라고는 없는 이름인걸요."

"낭만적이지 않다니, 말도 안 되는 소리!" 마릴라는 잘라 말했다. "앤은 아주 훌륭하고 제대로 된 이름이야. 부끄러워할 일이 아니란다."

빨간머리 앤 赤毛のアン

☐ 別に 딱히, 특별히 ☐ 必ずしも 반드시~인 것은 아니다 ☐ おしとやか 얌전한, 우아한 ☐ 主 주인, 본인 ☐ 口を開く 입을 열다 ☐ おばさん 아주머니, 이모 등 ☐ 構わない 해도 상관없다 ☐ アンロマンチック 비 로맨틱한, 낭만 없는 ☐ 馬鹿馬鹿しい 어이없다, 터무니없다 ☐ 切り捨てる 단호하게 잘라 말하다 ☐ 立派 훌륭한, 멋진 ☐ ちゃんとする 제대로 하다 ☐ 恥ずかしい 부끄럽다, 창피하다 ☐ -がる 하게 여기다, 체하다

「そんな、恥ずかしくはないんだけど」とアンは弁明した。「ただコーデリアの方が好きなの。いつも想像してるのよ、あたしの名前はコーデリアだって。でも、もしあたしをアンと呼ぶなら、綴りの最後にEの文字をつけたアンで呼んで欲しいの」

「綴り方で何の違いがあるっていうのさ？」ティーポットを手に取りながら、またしても下手な笑顔のマリラが聞いた。

「え〜っ、とんでもない違いよ。とっても素敵に見えるわ。誰かの名前が口に出されるのを聞くと、印刷されたみたいに、頭の中で必ず名前が見えて来たりしないの？ あたしはそう。A－n－nは見栄えが悪いけど、A－n－n－eは別物みたいに素晴らしいもの」

"그렇게 부끄럽다는 건 아니에요." 앤은 해명했다. "그저 코델리아라는 이름이 더 좋을 뿐이에요. 늘 상상해 왔거든요. 제 이름이 코델리아라고요. 그래도 만약 저를 앤이라고 부르신다면, 철자 끝에 E자가 붙은 앤으로 불러주셨으면 해요."

"철자에 무슨 차이가 있다는 거니?" 마릴라는 찻주전자를 집어 들며 또다시 어설픈 미소를 지으며 물었다.

"에이, 엄청난 차이가 있죠! 정말 멋져 보인단 말이에요. 누군가의 이름을 들으면, 인쇄된 것처럼 머릿속에 그 이름이 떠오르지 않으세요? 전 그래요. A-n-n은 볼품없어 보이지만, A-n-n-e는 전혀 다른 멋진 무언가로 보여요."

빨간머리 앤 赤毛のアン

□ 弁明 해명, 변명　□ 綴り 철자　□ 最後 마지막　□ 文字 문자　□ 欲しい 바라다　□ 綴り方 철자법, 스펠링　□ 違い 다름, 틀림　□ 手に取る 손에 들다　□ またしても 재차, 거듭　□ 下手 서투름, 어중간함　□ 笑顔 웃는 얼굴, 미소　□ とんでもない 터무니없다, 있을 수 없다　□ 違い 다름　□ 口に出す 입 밖에 내다, 말하다　□ 印刷 인쇄　□ 必ず 꼭, 필히　□ 見栄え 외관, 보기에 좋은 모양새　□ 別物 예외, 딴 것

「そりゃぁ結構だね。で、Eの付いたアン、何でこんな行き違いが起こったか説明できるかい？ あたし達はスペンサーの奥さんに、男の子を連れてきてもらうよう言付けたんだよ。孤児院には男の子がいなかったのかね？」

「いいえ、いたわ。たくさんあまってたわ。でも、スペンサーさんははっきり言ってたの、十一歳くらいの女の子をもらいたいって。それで院長さんが、あたしが良いと思うって。あたしがどれほど嬉しかったかわからないわ。嬉しくて一晩中眠れなかった」

"그래, 좋다. 그러면 E 자가 붙은 앤, 어쩌다 이런 착오가 생긴 건지 설명할 수 있겠니? 우리는 스펜서 부인에게 남자아이를 데려다 달라고 전달했단다. 고아원에는 남자아이가 없었던 거니?"

"아니에요, 있었어요. 남자아이들은 많이 남아 있었어요. 하지만 스펜서 아주머니는 분명 열한 살쯤 된 여자아이를 원한다고 말씀하셨어요. 그래서 원장 선생님이 제가 좋을 거라고 생각하신다고요. 제가 얼마나 기뻤는지 모르실 거예요. 너무 기뻐서 밤새 잠을 못 잤어요."

□ 結構 훌륭함, 만족스러움 □ 付く 붙다 □ 行き違う 엇갈리다, 착오가 생기다 □ 言付ける 말을 전하다, 전달을 부탁하다 □ あまる 남다 □ 院長 원장 □ 一晩中 밤새도록 □ 眠れる 잠자는, 자는

「スペンサーさんは、あんたのほかにだれか連れていたかい？」

「スペンサーさんは自分用にリリー・ジョーンズを連れて帰ったわ。リリーはまだ五歳でとても可愛らしくて、栗色の髪なの。もしあたしが可愛らしくて栗色の髪なら、おばさん、あたしを置いてくれる？」

「いや。あたし達はね、農場でマシューを手伝える男の子が要るんでね。女の子はあたし達には用なしなのさ。帽子を脱ぎなさい。玄関のテーブルの上に、あんたの鞄と一緒に置いておくよ」

"스펜서 씨는 너 말고 다른 애도 데려왔니?"

"스펜서 씨는 자기네 집에 릴리 존스를 데려갔어요. 릴리는 아직 다섯 살이고 너무 사랑스럽고 갈색 머리예요. 만약 제가 사랑스럽고 갈색 머리였다면, 아주머니는 저를 받아주셨을까요?"

"아니. 우리는 말이지, 농장에서 매튜를 도와줄 수 있는 남자아이가 필요하단다. 여자아이는 우리에겐 필요 없어. 모자를 벗거라. 현관 테이블 위에 네 가방과 같이 놓아두마."

- [ ] ほかに 이외에, 그밖에 [ ] 可愛らしい 귀엽다, 사랑스럽다 [ ] 栗色 밤색, 갈색 [ ] 農場 농장 [ ] 手伝う (남의 일을) 같이 거들다, 남을 도와서 일하다 [ ] 用無し 필요 없음 [ ] 脱ぐ (옷, 모자 등을) 벗다 [ ] 玄関 현관

アンは言われるまま、帽子を脱いだ。三人は夕食の席についた。だが、アンは何も食べられなかった。なんとか、バター付きパンを少し口にし、クラブ・アップルの砂糖漬けを小さな貝殻状のガラスの深皿から自分の皿に取って、ちょっとだけ食べてみただけだった。食事する努力なんかしたくもなかった。

「あんた、何も食べてないじゃないか」とマリラがアンを見ながら尖って言った。食べないことは重大な欠点と映るらしい。アンはため息をついた。

「食べられない。あたし、絶望の深みにはまってるの。絶望の深みにはまってる時、おばさん、食べられる？」

「あいにく絶望の深みにはまったことなんかないから、何とも言えないね」マリラが言い返した。

앤은 시키는 대로 모자를 벗었다. 세 사람은 저녁 식탁에 앉았다. 하지만 앤은 아무것도 먹을 수 없었다. 겨우 버터 바른 빵을 조금 입에 넣고, 크랩 애플 설탕 절임을 작은 조개껍데기 모양의 깊은 유리 접시에서 자기 접시에 덜어 조금 먹어본 것이 전부였다. 식사하려는 노력 같은 건 하고 싶지도 않았다.

"너 아무것도 안 먹었잖니." 하고 마릴라가 앤을 보며 날카롭게 말했다. 음식을 안 먹는 것이 그녀에게 중대한 결점으로 보이는 듯했다. 앤은 한숨을 내쉬었다.

"먹을 수 없어요. 저는 절망의 구렁텅이에 빠져버렸는걸요. 절망의 구렁텅이에 빠져 있을 때 아주머니는 드실 수 있으세요?"

"유감이지만 난 절망의 구렁텅이에 빠져본 적이 없어서, 뭐라 말할 수가 없구나." 마릴라가 맞받아쳤다.

☐ 席につく 자리에 앉다 ☐ 食べる 먹다 ☐ バター 버터 ☐ パン 빵 ☐ 口にする 먹다 ☐ クラブ・アップル 크랩애플 (작고 신맛이 강한 사과 종류) ☐ 砂糖漬け 설탕절임 ☐ 貝殻状 조개껍데기 모양 ☐ ガラス 유리 ☐ 深皿 깊은 접시 ☐ 努力 노력 ☐ 尖る 날카롭다, 뾰족하다 ☐ 重大 중대함 ☐ 欠点 결점 ☐ 映る 비치다, (인상으로) 보이다 ☐ 絶望 절망 ☐ 深み 깊이, 깊은 곳 ☐ はまる 빠지다 ☐ あいにく 공교롭게도 ☐ 言い返す 되받아 말하다

「あたしが食べられないからって、怒らないで下さいね。みんなとっても美味しそうなんだけど、でもやっぱり食べられないのよ」

「疲れたんだと思うがなぁ。寝かしてやるのが一番だよ、マリラ」とマシュー。

部屋の案内を終えたマリラは不機嫌に言った。

「やれやれ、困ったことになった。自分達で行かずに、人づてで頼んだからこんなことになったんだよ。リチャード・スペンサー家の誰かが間違って伝えたんだろうね。明日にでも、兄さんかあたしが出かけていって、スペンサーさんに確かめないと。それだけは必ずやらなきゃ。この女の子は、元の孤児院に送り返しとかないといけないからね」

"제가 못 먹는다고 해서 화내지 말아 주세요. 전부 정말 맛있어 보이지만, 그래도 역시 먹을 수가 없어요."

"피곤한 거겠지. 재우는 게 좋겠어, 마릴라." 매튜가 말했다.

방 안내를 끝낸 마릴라는 언짢은 듯 말했다.

"어휴, 골치 아픈 일이 됐네. 우리가 직접 가지 않고, 사람을 시켜서 부탁했으니 이런 일이 생긴 거야. 리처드 스펜서 집안 누군가가 잘못 전한 거겠지. 내일이라도 오빠나 내가 나가서 스펜서 씨에게 확인해야 해. 그건 반드시 해야만 해. 이 여자아이는, 원래 있던 고아원으로 돌려보내지 않으면 안 되니까."

□ 怒る 화내다 □ みんな 모두, 전부 □ 美味しい 맛있다 □ やっぱり 역시 □ 疲れる 피곤하다, 지치다 □ 寝かす 재우다 □ 部屋 방 □ 案内 안내 □ 終える 끝내다 □ 不機嫌 언짢음, 불쾌함 □ やれやれ 이런, 맙소사 □ 人づて 다른 사람을 통해 □ 兄さん 형, 오빠 □ 確かめる 확인하다 □ 元 원래 □ 送り返す 되돌려보내다, 반송하다

「ああ、そうなるんだろうな」と、マシューは乗り気ではなかった。

「何が、そうなるんだろうな、ですか！　兄さんは、そういうつもりじゃなかったっていうの？」

「うむ、そうだな、なかなか楽しい子だよ、マリラ。あの子を送り返すのはなんだか可哀想だよ、あんなにここに居たがっているんだし」

「マシュー・カスバート、兄さんはあの子に魔法をかけられたのよ！　あたしには明々白々だわ、あの子を置いておきたいんでしょ」

「うむ、そうだな、ほんとに面白い子だよ」マシューが押し通した。

「駅から来る途中の、あの子のおしゃべりを聞ければ良かったんだが」

"아아, 그렇게 되겠지." 하고 매튜는 내켜 하지 않는 태도로 말했다.

"뭐가 그렇게 되겠지예요! 오빠는, 그럴 생각이 아니었다는 거야?"

"음, 그래. 꽤 재미있는 아이야, 마릴라. 저 아이를 돌려보내는 건 좀 불쌍해. 저렇게 여기 있고 싶어 하는데 말이야."

"매튜 커스버트, 오빠는 저 아이한테 마법이라도 걸린 거야! 난 뻔히 보여, 저 아이를 두고 싶어 하는 거잖아."

"응, 그래. 정말 재미있는 아이야." 매튜는 밀어붙이듯 말했다.

"역에서 오는 길에, 저 아이가 하는 얘기를 들을 수 있었다면 좋았을 텐데."

빨간머리 앤 赤毛のアン

□ 乗り気 마음이 내킴, 그럴 기분이 듦 □ なかなか 꽤, 상당히 □ 可哀想 불쌍함, 가엾음 □ 魔法 마법 □ かける 걸다, 가하다 □ 明々白々 명백함, 뚜렷함 □ 押し通す 밀어붙이다, 주장하다 □ 途中 도중

「はいはい、そりゃぁ必要以上に口は巧いね。すぐ分かったわ。でも、それのどこが良いのさ。おしゃべりの子供は好きじゃないよ。孤児の女の子は要らないね。もし引き取るとしたって、あの子はあたしの好みじゃないよ。何を考えているのか、分からないところがあるのよ。あの子はだめ、さっさと元来たところへ送り返してやらなくちゃ」

「うむ、そうだな、おまえの言う通りだよ、もちろんだ、マリラ」と言ってマシューは立ち上がり、パイプを片付けた。

「わしは寝ることにするよ」ベッドへとマシューは向かった。ベッドへと、お皿を片付けてからだが、マリラも向かった。

表情は険しく、既に心は決まっていた。そして二階では、東の破風屋根の部屋の中、寂しく愛情の空腹に耐え身寄りもなく、子供が一人泣き疲れて眠りの世界へと向かった。

"그래 그래, 필요 이상으로 말은 정말 잘해. 금세 알 수 있었어. 하지만 그게 뭐가 좋다는 거야? 나는 수다스러운 아이는 싫거든. 여자아이 고아는 필요 없어. 설령 맡는다고 해도, 그 애는 내 취향이 아니야. 무슨 생각을 하는지 알 수 없는 부분이 있어. 저 애는 안 돼. 빨리 원래 있던 곳으로 돌려보내야 해."

"음, 그래, 네 말이 맞아, 물론이지, 마릴라"라고 말하며 매튜는 일어나 파이프를 치웠다.

"나는 잘게." 매튜는 침대로 향했다. 접시를 치우고 나서, 마릴라도 침대로 향했다.

표정은 굳어 있었고, 이미 마음은 정해져 있었다. 그리고 2층, 동쪽의 박공지붕 방 안에서는, 외롭고 사랑에 굶주린 채 의지할 곳 없이 한 아이가 홀로 울다 지쳐 잠의 세계로 향하고 있었다.

빨간머리 앤 赤毛のアン

□ 必要 필요 □ 以上 이상 □ 巧い 능숙하다 □ 引き取る (사람을) 맡다, 데려오다 □ さっさと 서둘러, 바로 □ 言う通り ~말한 대로 □ 立ち上がる 일어나다 □ パイプ 파이프 (담뱃대, 또는 관) □ 片付ける 정리하다 □ 寝る 자다 □ ベッド 침대 □ 険しい 험하다, 험상궂다 □ 既に 이미, 벌써 □ 決まる 결정되다 □ 階 층 □ 破風屋根 박공지붕 □ 寂しい 외롭다, 쓸쓸하다 □ 愛情 애정 □ 空腹 공복 □ 耐える 견디다, 참다 □ 身寄り 친척, 의지할 사람 □ 一人 한 사람 □ 泣き疲れる 울다가 지치다

第4章 グリーン・ゲイブルズで迎える朝

　アンが目を覚ましベッドから起き上がると、すっかり陽が上っていた。はっとして見つめた窓からは、陽気な日差しが差し込んでいた。窓の外には、白いふわふわしたものが揺れており、それをすかして青い空がちらちら見えていた。

　しばらくの間、今どこにいるのか思い出せずにいた。始めに思い出したのは、嬉しくてぞくぞくしたこと、そう、何だかとても楽しかった、そして、身の毛もよだつ記憶。ここはグリーン・ゲイブルズ、二人ともあたしが要らないの、男の子じゃないから！

4장 초록 지붕 집에서 맞는 아침

　앤이 눈을 떠 침대에서 일어나자, 해는 훤히 떠 있었다. 깜짝 놀라서 바라본 창문에서는 따사로운 햇살이 비쳐 들어오고 있었다. 창밖에는 하얗고 보송한 것이 흔들리고 있었고, 그 사이로 파란 하늘이 아른아른 보였다.

　한동안은 지금 어디에 있는지 떠올리지 않고 있었다. 처음 떠오른 건, 기뻐서 전율했던 일, 그래, 뭔가 무척 즐거웠던 기억, 그리고 소름 끼치는 기억. 여긴 초록 지붕 집, 두 사람 다 나를 원하지 않아. 남자아이가 아니니까!

□ 朝 아침 □ 目を覚ます 눈을 뜨다 □ 起き上がる 일어나다 □ すっかり 완전히, 푹 □ 陽 볕, 햇빛 □ 上る (해가) 떠오르다 □ はっとする 깜짝 놀라다 □ 陽気 명랑함, 활기 □ 日差し 햇살, 햇볕 □ 差し込む (빛 등이) 비쳐 들어오다, 스며들다 □ 白い 희다 □ ふわふわ 보송보송, 둥실둥실 (가볍고 부드러운 모양) □ 揺れる 흔들리다 □ すかす 비추다, 틈 사이로보다 □ 青い 파랗다 □ 空 하늘 □ ちらちら 반짝반짝, 아른아른 □ しばらくの間 한동안 □ 思い出す 떠올리다, 기억해 내다 □ 始め 시작, 개시 □ ぞくぞくする (기쁨·추위 등으로) 오싹오싹하다, 전율하다 □ 身の毛もよだつ 소름 끼치다, 등골이 오싹해지다 □ 記憶 기억

だけど、今は朝なんだもの。そう、あれはサクランボの木、窓の外では、あたしのために満開の花が咲いているわ。ぽんとベッドから飛び出して、ぱたぱたと部屋の反対側に駆け寄った。窓枠を押し上げると、ずっと開けたことがなかったように、堅くてキーキー音がした。事実そうだったのだ。窓枠はきつくて押さえていなくても良かった。

　アンは膝を床について、窓から見える六月の朝に浸っていった。その目は感動できらきら輝いていた。ほんと、奇麗じゃない？ 素敵なところよね？ あたしはここに居られるわけじゃないんだった！ でも居られると想像するのよ。ほら、ここでは、こんなに想像が広がるよ。

　하지만 지금은 아침이잖아. 그래, 저건 벚나무야. 창문 밖에서는 나를 위해 만개한 꽃이 피어 있어. 퐁 하고 침대에서 튀어나와서 방 반대편으로 타닥타닥 달려갔다. 창틀을 밀어 올리자, 오래도록 열지 않았던 듯 딱딱하고 삐걱삐걱 소리가 났다. 실제로 그렇기도 했다. 창틀은 꽉 끼어 있어서 누르고 있지 않아도 괜찮았다.
　앤은 무릎을 바닥에 대고, 창문으로 보이는 6월의 아침에 흠뻑 빠져들었다. 그 눈은 감동으로 반짝반짝 빛나고 있었다. 정말, 아름답지 않아? 멋진 곳이야, 그렇지? 나는 여기에 머물 수 있는 게 아니었지! 그래도 여기에 있을 수 있다고 상상하는 거야. 자 봐, 여기서는 이렇게나 상상이 펼쳐지잖아.

□ 咲く 꽃이 피다 □ 飛び出す 튀어나오다, 급히 나오다 □ ぱたぱた 타닥타닥, 종종걸음치는 소리, 모양 □ 反対側 반대쪽 □ 駆け寄る 달려가다, 뛰어 다가가다 □ 窓枠 창틀 □ 押し上げる 밀어올리다 □ 堅い 단단하다 □ キーキー 삐걱삐걱 (금속/나무가 마찰할 때 나는 소리) □ 音がする 소리가 나다 □ 事実 사실 □ きつい 꽉 끼다, 심하다 □ 押さえる 누르다, 억누르다 □ 膝 무릎 □ 床 바닥 □ 浸る 잠기다, 흠뻑 빠지다 □ 感動 감동

窓の外には、大きなサクランボの木が枝を伸ばしていた。その木は窓に近く、枝が建物を擦るように揺れていた。花がびっしり咲いていて、葉っぱがほとんど見えないくらいだった。建物の左右にはひとつながりの果樹園が広がっており、一方はリンゴの果樹園、もう一方はサクランボの果樹園で、どちらを向いても花の雨だった。

　アンの目は、美しいものを求めて、窓から見える風景を散策しながら、どれ一つとして見逃さず、手にとるように見入っていた。この子の人生の中では、美しいとは言いがたい場所が多すぎた。不運な子である。だが、目の前の風景は、夢に見てきた風景と同じくらい美しいものだった。

　창밖에는 커다란 벚나무가 가지를 뻗고 있었다. 그 나무는 창 가까이에 있어서 가지가 건물에 스칠 듯이 흔들리고 있었다. 꽃이 빽빽하게 피어 있어서, 잎은 거의 보이지 않을 정도였다. 건물 좌우로는 하나로 이어진 과수원이 펼쳐져 있었고, 한쪽은 사과 과수원, 다른 한쪽은 체리 과수원이었고 어디를 봐도 꽃비였다.

　앤의 눈은 아름다운 것을 찾아 창밖 풍경을 거닐 듯 바라보며, 어느 것 하나도 놓치지 않고, 손에 잡을 듯 넋을 잃고 보고 있었다. 이 아이의 인생에는 아름답다고 말하기 어려운 장소가 너무 많았다. 불운한 아이였다. 하지만 눈앞의 풍경은, 꿈에서 봐온 풍경만큼이나 아름다웠다.

□ びっしり 빽빽이, 가득 □ 葉っぱ 잎사귀 □ 左右 좌우 □ ひとつながり 하나로 이어져 있음 □ 雨 비 □ 求める 추구하다, 찾다 □ 風景 풍경 □ 散策する 산책하다 □ 見逃す 놓치다, 지나치다 □ 見入る 넋을 잃고 보다, 뚫어지게 보다 □ 人生 인생 □ 場所 장소 □ 不運 불운

ひざまずいたまま、ただただ美しいものに埋もれて、夢中になっていた。と、そのとき、肩にかかる手を感じて、ハッと飛び上がった。マリラが部屋に入ったのが、この小さな夢見る人には聞こえなかったのだ。

「着替える時間だよ」身も蓋もなく言った。

　マリラは実際どんな風にこの子に話し掛けたら良いのか見当がつかなかった。それで、どうすれば良いか分からなくて居心地が悪く、そのつもりがなくとも、つい、つっけんどんでそっけない言い方になるのだった。

　무릎을 꿇은 채, 그저 아름다움 속에 파묻혀 정신없이 빠져 있었다. 그러다 문득, 어깨에 닿는 손을 느끼고 앗 하고 뛰어올랐다. 마릴라가 방에 들어온 것을 이 작은 꿈 꾸는 사람은 들을 수 없었다.

　"옷 갈아입을 시간이야." 마릴라는 담백하게 말했다.

　사실 그녀는 이 아이에게 어떻게 말을 걸어야 할지 감이 잡히지 않았다. 그래서 어떻게 해야 할지 몰라 불편했고, 그럴 의도가 없었더라도 무심코 퉁명스럽고 냉담한 말투가 되어버리는 것이었다.

빨간머리 앤 赤毛のアン

□ ひざまずく 무릎을 꿇다, 꿇어앉다 □ 埋もれる 파묻히다 □ 夢中になる 어떤 일이나 대상에 푹 빠지다 □ 肩にかかる 어깨에 닿다 □ ハッと (놀라서) 깜짝, 번뜩 □ 飛び上がる 뛰어오르다 □ 夢見る 꿈꾸다 □ 聞こえる 들리다 □ 着替える 갈아입다 □ 身も蓋もない 너무 직설적이다, 말에 여운이 없다 □ 話し掛ける 이야기를(말을) 걸다 □ 見当がつく 짐작이 가다, 감이 잡히다 □ 居心地が悪い 불편하다, 거북하다 □ つい 무의식중에 □ つっけんどん 퉁명스러움, 무뚝뚝함 □ そっけない 냉담하다, 무뚝뚝하다, 정이 없다 □ 言い方 말씨, 말투

アンは立ち上がって、今まで息を止めていたかのように、大きくひと呼吸した。

「ねえ、夢のようね？」そう言って、外に広がるこの気持ちの良い世界全体を、手で大きく示した。

「さっさと着替えて、下りて来るんだね、あんたの想像の世界なんか心配してないで」マリラは言った。ようやく話しに割り込む隙間を見つけたのだ。

「朝ご飯の準備ができてるよ。顔を洗って、髪を梳かして。窓は上げといたままでいいよ、布団はベッドの足元に畳みなさい。さっさと手際良くね」

앤은 일어서며, 지금까지 숨을 참았던 것처럼 크게 숨을 들이쉬었다.

"있잖아요, 꿈 같지 않아요?" 그렇게 말하며, 바깥에 펼쳐진 이 기분 좋은 세상 전체를 손으로 크게 가리켰다.

"어서 옷 갈아입고 내려오렴. 네 상상의 세계 같은 건 신경 안 쓰니깐." 마릴라가 말했다. 마침내 대화에 끼어들 틈을 찾은 것이다.

"아침 준비 다 됐어. 세수하고, 머리 빗고. 창문은 그대로 열어두면 돼. 이불은 침대 발치에 개어 두렴. 얼른 야무지게 해."

☐ 息を止める 숨을 멈추다 ☐ ひと呼吸 한 번의 숨 ☐ 全体 전체 ☐ 手で示す 손으로 가리키다 ☐ 下りる 내려오다 ☐ 割り込む 끼어들다 ☐ 隙間 틈, 간격 ☐ 朝ご飯 아침밥 ☐ 準備 준비 ☐ 顔を洗う 세수하다 ☐ 髪を梳かす 머리를 빗다 ☐ 布団 이불 ☐ 畳む 개다, 접다 ☐ 手際良く 솜씨 있게, 야무지게

「今日一日何が起こるか分からないもの、だから想像がどんどん広がるのよ。でも今日は雨でなくて嬉しいな、だって晴れてる日のほうが、元気に心の苦悩を支えやすいんだもん。ようし、頑張るぞって感じ。悲しいことを思って、自分がヒロインみたいに、その悲しみを乗り越えるんだって想像するのもそりゃあ良いんだけど、その悲しいことが実際本当になると、そんな良いもんじゃないもの、そうでしょ？」「頼むから、あんたの舌はしまっといとくれ」とマリラ。「子供のくせに、ほんとにしゃべりすぎだよ」

直ちに、アンは舌をしまった。あまり素直で徹底して黙りこくっているから、なんだかわざとらしくて、かえってマリラの勘に障った。マシューも同様に舌をしまっていたが、こちらはわざとではなく、ごく自然だった。そんなわけで、朝ご飯はとても静かなものだった。

"오늘 하루 어떤 일이 일어날지 모르잖아요. 그래서 상상이 점점 더 넓어져요. 그래도 오늘 비가 아니라서 기뻐요. 맑은 날이 마음의 괴로움을 씩씩하게 견뎌내기 쉽거든요. 좋아, 힘내자 하는 기분이 들어요. 슬픈 일을 생각하면서, 자신이 마치 소설 속 여주인공처럼 그 슬픔을 이겨내는 걸 상상하는 것도 물론 멋지긴 하지만, 그 슬픈 일이 실제로 일어나면 그렇게 멋진 것만은 아니에요, 그렇죠?" "부탁이니까, 입 좀 다물어 줄래." 마릴라가 말했다. "애 주제에 정말 말이 너무 많구나."

곧바로 앤은 입을 다물었다. 너무 순순히 철저하게 입을 다물고 있으니, 어딘가 일부러 그러는 것 같아서 도리어 마릴라의 신경을 거슬리게 했다. 매튜도 마찬가지로 말이 없었지만, 이쪽은 일부러가 아니라 아주 자연스러웠다. 그런 이유로 아침 식사는 매우 조용했다.

□ 晴れる (날씨가) 개다 □ 苦悩 고뇌 □ 支える 지탱하다, 버티다 □ やすい 쉽다 □ 頑張る 열심히 하다, 최선을 다하다 □ 悲しい 슬프다, 애처롭다 □ ヒロイン 여주인공 □ 乗り越える 극복하다, 넘어가다 □ 舌をしまう 입을 다물다 □ くせに ~인데도 □ 直ちに 바로, 곧 □ 素直 솔직함, 순진함, 고분고분함 □ 徹底 철저 □ 黙りこくる 완전히 입을 다물다 (~こくる 강한 상태의 유지, 완전히 ~하다) □ わざとらしい 고의적인 듯하다 □ かえって 도리어, 오히려 □ 勘に障る 신경을 거슬리다 □ 同様 같음, 마찬가지임 □ ごく 아주, 매우 □ 自然 자연스러운 상태

食事が終わると、アンが、皿洗いを手伝うと申し出た。

「ちゃんと皿を洗えるんだろうね?」疑わしげにマリラが聞いた。

「結構上手よ。子守りの方が上手なんだけど。子守りの経験は豊富なの。おばさんとこの子を子守りできなくて、ほんと残念だわ」

「たっぷりのお湯で、ちゃんと乾かすんだよ。午前中にたくさんやっておくことがあるんだよ、午後にはホワイト・サンズに出かけてスペンサーさんに会わなきゃいけないし。あんたも一緒に行くんだよ、スペンサーさんとあんたの処置を決めるんだから。お皿を洗い終わったら、二階に上がってベッドを直しといで」

식사가 끝나자, 앤이 설거지를 돕겠다고 나섰다.

"제대로 설거지할 수는 있는 거니?" 의심스러운 듯이 마릴라가 물었다.

"꽤 잘해요. 아이 돌보는 일을 더 잘하긴 하지만요. 아이 돌본 경험은 아주 많아요. 아주머니 댁 아이를 돌볼 수 없어서 정말 아쉬워요."

"넉넉한 뜨거운 물로 잘 말려야 해. 오전 중에 해둘 일이 많거든. 오후에는 화이트 샌즈에 가서 스펜서 씨를 만나야 하고. 너도 같이 갈 거야. 스펜서 씨와 네 일의 처리를 결정할 거니까. 설거지를 다 끝내면 2층에 올라가서 침대를 정리해 두렴."

□ 食事 식사 □ 終わる 끝나다 □ 皿洗い 설거지 □ 申し出る 제안하다, 자청하다 □ 疑わしげ 의심스러운 듯한 □ 上手 잘함, 능숙함 □ 子守り 아이 돌보기 □ 経験 경험 □ 豊富 풍부함 □ 残念 아쉬움 □ たっぷり 넉넉히, 듬뿍 □ お湯 뜨거운 물 □ 乾かす 말리다 □ 午前 오전 □ 処置 처치 □ 直す 고치다, 정리하다 □ おいで 와, 오라

アンの皿洗いはなかなか手際良く終了し、一部始終を厳しく評価していたマリラの眼鏡に適うものだった。そのあとのベッドの直し方は、あまり上出来ではなかった。羽根枕と格闘する術を身につけていなかったのだ。

それでもとりあえずは枕のでこぼこも丸く収まった。それからマリラは、厄介払いするため、アンにお昼ご飯まで外で遊んできて良いと言った。

앤의 설거지는 제법 손놀림이 능숙하게 마무리되어, 처음부터 끝까지 엄격하게 평가하던 마릴라의 기준에도 맞았다. 그다음 침대 정리 방식은 별로 훌륭하지 않았다. 앤은 깃털 베개를 손질하는 법을 아직 익히지 못했다.

그래도 일단은 베개의 울퉁불퉁함도 무난히 정리했다. 그리고 나서 마릴라는 성가신 존재를 떼어놓기 위해 앤에게 점심까지 밖에서 놀다 와도 좋다고 말했다.

□ 終了する 종료하다 □ 一部始終 전말, 처음부터 끝까지의 경과 □ 厳しい 엄하다, 냉엄하다 □ 評価する 평가하다 □ 眼鏡に適う 마음에 들다, 기대에 부합하다 □ 上出来 아주 잘함, 잘된 결과 □ 羽根枕 깃털 베개 □ 格闘する 격투하다, 고군분투하다 □ 術 방법, 수단 □ 身につける 익히다, 습득하다 □ それでも 그래도, 그렇다 할지라도 □ とりあえず 우선, 부랴부랴, 즉시 □ でこぼこ 울퉁불퉁함 □ 丸く収まる 원만하게 해결되다, 무난히 정리되다 □ 厄介払い 귀찮은(성가신) 존재를 내쫓음 □ 昼ご飯 점심 □ 遊ぶ 놀다

アンは飛び出すように戸口に向かったが、敷居で立ち止まり、くるりと振り返って椅子に座り込む。

　「外に出たら、この場所をもっと好きになってしまう。どうせ出ていかなきゃいけないなら、これ以上好きになりたくないの」と、アンは悲しげに言う。

　ゼラニウムに「ボニー」と名前をつけたり、桜の木を「雪女神」と呼んだりしながら、想像の世界に逃げ込もうとするアン。

　窓のところの、あのゼラニウムの名前は何ていうの？」
「あれはリンゴの香りのゼラニウムだよ」

　앤은 뛰쳐나갈 듯 문 쪽으로 향했지만, 문턱에서 멈춰 서더니 휙 돌아서 의자에 주저앉았다.

　"밖에 나가면 이곳을 더 좋아하게 될 것 같아요. 어차피 떠나야 한다면, 더 이상 좋아지고 싶지 않아요." 하고 앤은 슬픈 듯 말했다.

　제라늄에 '보니'라는 이름을 붙이거나, 벚나무를 '눈의 여신'이라고 부르거나 하며 상상의 세계로 도망치려는 앤.

　"창가에 있는 저 제라늄의 이름은 뭐라고 불러요?"
"저건 사과 향이 나는 제라늄이야."

□ 戸口 문간, 출입구 □ 敷居 문턱 □ 立ち止る 멈춰서다 □ くるりと 한 바퀴 뱅그르르 □ 振り返る 뒤돌아보다 □ 座り込む 주저 앉다 □ 悲しげ 슬픈듯 [슬프다(悲しい) + げ] □ ゼラニウム 제라늄(식물명) □ 桜の木 벚나무 □ 雪 눈 □ 女神 여신 □ 逃げ込む 도망쳐 안전한 곳으로 들어가다(오다) □ 香り 향기

「あ、そういう名前のことじゃないの。おばさんが自分でつけた名前のことを言ったのよ。名前をつけていなかったの？ あたしが名前をつけても良い？ 名前をつけて良いなら、そうねぇ、ボニーが良い。あたしがここにいる間、これをボニーって呼んで良い？ ね、そう呼ばせて！」

「わかったわかった、あたしはかまわないよ。だいたい、ゼラニウムに名前をつけようなんて、どこから思い付いたんだね？」

「そうね、あたしは何でも愛称を付けるのが好きなの、たとえゼラニウムでもね。愛称があると人間みたいに感じるわ。ただのゼラニウムとだけ呼ばれて、他に名前がなかったら、ゼラニウムが気を悪くするかどうかなんて、誰もわからないでしょう？」

"아, 그런 이름을 말한 게 아니에요. 아주머니 자신이 지은 이름을 말한 거예요. 이름을 안 지었어요? 제가 이름을 지어도 될까요? 이름을 지어도 괜찮다면, 그럼, 보니가 좋겠어요. 제가 여기 있는 동안 이걸 보니라고 불러도 될까요? 제발, 그렇게 부르게 해주세요!"

"알겠어, 알겠어. 난 상관없어. 대체 제라늄에 이름을 붙이겠다는 생각은 어디서 나온 거니?"

"그래요, 난 뭐든 애칭을 붙이는 걸 좋아해요. 제라늄이라도요. 애칭이 있으면 꼭 사람처럼 느껴지거든요. 그냥 제라늄이라고만 불리고, 다른 이름이 없다면, 제라늄이 기분 나빠할지 어떨지는 아무도 모르는 거잖아요?"

빨간머리 앤 赤毛のアン

□ だいたい 대게 □ 愛称 애칭 □ 人間 인간 □ 気を悪くする 기분이 나빠지다

「あの子みたいな子は、生まれてこのかた見たことも聞いたこともないね」マリラはブツブツ言った。マシューの言う通り、確かにあの子はどこか面白いね。気がつくと、次はいったい何を言い出すんだろうって考えてるんだから。あの子は、あたしにも魔法をかけるつもりだね。マシューにはもう魔法をかけおわったからね」

アンは夢の世界へと再び堕落していた。頬は両手の杖の中、瞳は遠く空の上、そんな有り様だった。マリラに放って置かれたアンがこちらの世界に戻ってきてみると、早めの昼ご飯がテーブルに準備できていた。

「午後から雌馬と馬車を使っても良いでしょう、マシュー？」マリラが言った。

マシューは頷いて、名残惜しそうにアンの方を見た。

"저런 애는, 태어나서 지금까지 본 적도 들은 적도 없어." 마릴라는 중얼거리듯 말했다. 매튜가 말한 대로, 확실히 저 애는 어딘가 재미있는 애야. 나도 모르게 다음엔 대체 무슨 말을 꺼낼지 생각하게 된다니까. 저 애, 나한테도 마법을 걸 작정인 거야. 매튜한테는 이미 마법을 다 걸어버렸고."

앤은 다시 꿈의 세계로 빠져들고 있었다. 뺨은 양손 지팡이에 괸 채, 눈은 멀리 하늘 위, 그런 모습이었다. 마릴라에게서 방치된 앤이 현실로 돌아와 보니 이른 점심 식사가 테이블에 준비되어 있었다.

"오후에 암말이랑 마차를 써도 되죠, 매튜?" 마릴라가 말했다.

매튜는 고개를 끄덕이며, 섭섭한 듯 앤 쪽을 바라보았다.

- ☐ 生まれてこのかた 태어나서 지금까지 ☐ ブツブツ 작은 소리로 말하는 모양, 중얼중얼 ☐ 言う通り ~말한 대로 ☐ 再び 다시 ☐ 堕落 타락 ☐ 頬 뺨, 볼 ☐ 杖 지팡이 ☐ 有り様 모양, 상태 ☐ 放って置く 내버려두다, 방치하다
- ☐ 名残惜しい 섭섭하다, 아쉬움이 나다

　出かける時間までには、マシューは栗毛の馬を馬車に繋ぎ終え、マリラとアンは出発した。マシューは二人のために庭の門を開けた。

　マリラは栗毛をピシっと強く鞭打って、不幸な馬に八つ当たりした。この太った馬は、こんな仕打ちに慣れていなかったので、怒りもあらわに、不安を覚えるペースで小径をビュンビュン走りだした。マリラは、小径を飛び跳ねる馬車から、一度だけ振り返った。癪の種のマシューが門にもたれかかって、一心に二人を見送っているのが見えた。

　출발할 시간까지 매튜는 밤색 말을 마차에 매는 일을 마쳤고, 마릴라와 앤은 길을 떠났다. 매튜는 두 사람을 위해 마당의 문을 열었다.

　마릴라는 밤색 말을 휙 하고 세게 채찍질하며, 불행한 말에게 화풀이했다. 이 뚱뚱한 말은 이런 식의 대우에 익숙하지 않기에 화가 난 듯, 불안을 느끼게 할 정도로 좁은 길을 쌩쌩 달리기 시작했다. 마릴라는 오솔길을 달리는 마차에서 단 한 번 뒤를 돌아봤다. 속을 태우는 매튜가 대문에 기대선 채, 두 사람을 온 마음으로 배웅하는 것이 보였다.

- □ 門 문 □ ピシっと 찰싹, 딱 (채찍질·소리의 의성어) □ 強い 강하다, 세다
- □ 鞭打つ 채찍질하다 □ 不幸 불행 □ 八つ当たりする (화풀이로) 엉뚱한 데 분풀이하다 □ 太る 살찌다 □ 仕打ち (거칠고 냉정한) 대우, 처사 □ 怒り 분노 □ あらわにする 드러내다, 노출하다 (감정 등) □ 覚える 느끼다, 기억하다
- □ ビュンビュン 쌩쌩, 휙휙 □ 走りだす 달리기 시작하다 □ 飛び跳ねる 펄쩍펄쩍 뛰다, 튀다 □ 振り返る 뒤돌아보다 □ 癪の種 울화의 원인, 속을 태우는 존재 □ もたれかかる 기대다 □ 一心 일심, 한마음 □ 見送る 배웅하다

第5章 マリラ、遂に決断

　馬車はその屋敷に到着した。スペンサー夫人はホワイト・サンズ入江の、黄色を基調にした広い家に住んでいた。夫人は玄関まで出て来て出迎えたが、マリラを迎える意外さと歓迎の混じった表情が、その優しい顔に現れていた。

「まあまあ」驚いたので声が大きい。「今日いらっしゃるとは思いもよりませんでしたわ、ともかく、いらして下さって嬉しいですわ。馬は中にどうぞ？　あなたも元気、アン？」

「望める限りは元気です、お気遣いありがとう」アンは笑顔が作れずそう言った。枯れ葉の病に襲われ、萎れたように見える。

5장 마릴라, 마침내 결단하다

　마차는 그 저택에 도착했다. 스펜서 부인은 화이트 샌즈만의 노란색을 기조로 한 넓은 집에 살고 있었다. 부인은 현관까지 마중 나왔지만, 마릴라를 맞이한 놀람과 환영이 뒤섞인 표정이 그 부드러운 얼굴에 드러나 있었다.

"어머나." 놀라서 목소리가 커졌다. "오늘 오실 거라고는 생각도 못 했어요. 어쨌든 와 주셔서 기뻐요. 말은 안으로 들이시지요? 너도 잘 지내니, 앤?"

"그럭저럭 잘 지내고 있어요, 걱정해 주셔서 고마워요." 앤은 웃는 얼굴을 지을 수 없어 그렇게 말했다. 잎이 마르는 병에 걸려 시든 듯 보인다.

- 遂に 마침내
- 決断 결단
- 屋敷 저택
- 入江 만(灣), 포구
- 基調 기조, 바탕
- 出迎え 마중, 나가 영접함
- 意外さ 의외, 뜻밖의
- 歓迎 환영
- 混じる 섞이다, 혼합되다
- 優しい 부드럽다, 상냥하다
- 現れる 나타나다
- まあまあ 어머나, 어머머 (놀라거나 반가울 때)
- 思いもよらない 생각지도 않다, 예상 밖이다
- ともかく 어쨌든, 아무튼
- 望む 바라다
- 限り 한계, ~까지
- お気遣い 배려
- 作る 만들다
- 枯れ葉 마른 잎, 시든 잎
- 病 병
- 襲う 덮치다, 습격하다
- 萎れる 시들다, 풀이 죽다

「馬を休ませる間、ちょっと寄らせて頂くだけですので」とマリラ。「それにマシューには早く帰ると言ってきてありますから。実は、ミセス・スペンサー、何処かで奇妙な間違いがありましてね、それを確かめるため参りました。私達がお願いした言付けでは、マシューと私ですが、奥さんに孤児院から男の子を連れて来て頂くようお願いしたんです。奥さんの弟のロバートには、私達が十か十一歳位の男の子が要るとお伝えするよう申したはずですが」

「マリラ・カスバート、そんなことが！」スペンサー夫人は困った立場に追い込まれた。

「ロバートは娘のナンシーを寄越して伝えてきたんですのよ、あの子はあなた方が女の子が要ると言っておりましたのに、そうよね、フローラ・ジェーン？」玄関の石段に現れた娘に話をふった。

"말을 쉬게 하는 동안, 잠시 들르기만 할 생각이에요." 마릴라가 말했다. "그리고 매튜에게도 일찍 돌아오겠다고 말해 두었고요. 사실은요, 스펜서 부인, 어딘가에서 이상한 착오가 있었던 것 같아 그걸 확인하러 왔습니다. 저희가 부탁드린 전언은 매튜와 제가 고아원에서 남자아이를 데려다 달라고 부인께 부탁한 것이었습니다. 부인의 남동생 로버트에게는 저희가 열 살이나 열한 살쯤 된 남자아이가 필요하다고 전해달라고 했습니다만."

"마릴라 커스버트, 그런 일이!" 스펜서 부인은 곤란한 입장에 몰렸다.

"로버트가 딸 낸시를 보내서 전해왔어요. 낸시는 당신들이 여자아이를 원한다고 했는데요, 그렇지, 플로라 제인?" 현관 석조 계단에 나타난 딸에게 말을 건넸다.

- 休ませる 쉬게 하다, 휴식시키다
- 寄る 들리다
- 頂く 받다의 공손한 말씨
- 実は 실은
- ミセス 미세스, 기혼 여성
- 奇妙 기묘함
- 参る 가다, 오다(겸양어)
- 弟 남동생
- 位 정도
- ~ように申す ~라고 말하다
- 立場 입장
- 追い込む 몰다, 궁지에 몰다
- 娘 딸
- 寄越す 보내다, 보내주다
- 石段 돌계단
- 話をふる 이야기를 꺼내다, 말을 걸다

「あの子は確かにそう言ってました、ミス・カスバート」突然矢面に立たされたフローラ・ジェーンは懸命に身を守った。

「本当にお気の毒ですこと」とスペンサー夫人。「ひど過ぎますわね。でも確かにあたくしの落ち度じゃございませんのよ、ミス・カスバート。あたくし、出来ることはちゃんと致しましたし、あなた方のご要望に沿ったつもりでおりましたのよ。ナンシーも本当にそそっかしくて。あたくし、いつもあの子の不注意を叱ってますの」

「私達の落ち度でした」マリラは諦め顔でそう言った。

「私共で直接お願いに上がるべきでしたし、重要な用件をあんな風に口伝えで言付けに任せるべきでもありませんでした。ともかく、間違いは起こってしまったし、できることは誤りを正すことだけです。この子を孤児院に送り返せますか？」

"그 아이는 분명히 그렇게 말했어요, 커스버트 씨." 갑자기 곤경에 몰린 플로라 제인은 열심히 자신을 변호했다.

"정말 유감입니다." 스펜서 부인이 말했다. "너무 심하군요. 하지만 분명 이건 제 잘못이 아니에요, 커스버트 씨. 저는 할 수 있는 일은 다 했고, 당신들의 요구에 맞췄어요. 낸시도 정말 덤벙거리는 아이라서요. 저는 항상 그 아이의 부주의를 꾸짖고 있답니다."

"저희 잘못입니다." 마릴라는 체념한 얼굴로 그렇게 말했다.

"저희가 직접 부탁드리러 와야 했고, 중요한 일을 그런 식으로 말로만 전하도록 맡겨서는 안 됐습니다. 어쨌든, 실수는 벌어졌고 할 수 있는 건 잘못을 바로잡는 것뿐이에요. 이 아이를 고아원에 돌려보내 주실 수 있을까요?"

□ ミス 미스, 미혼 여성의 이름 앞에 붙여 부르는 말 □ 突然 돌연 □ 矢面 (비유적으로) 공격을 받는 위치, 정면, 난처한 상황 □ 立つ 서다, (어떤 위치에) 있다 □ 懸命 열심히, 간절히 □ 身 몸 □ 守る 지키다 □ お気の毒 딱함, 애석함 □ 落ち度 잘못, 실수 □ あたくし 나, 저 (わたくし의 부드러운 말씨) □ 出来る 생기다, 되다 □ 致す 하다(する)의 겸사말 □ ご要望 요구 □ 沿う 따르다, 맞추다 □ そそっかしい 경솔하다, 덜렁덜렁하다 □ 不注意 부주의 □ 叱る 꾸짖다 □ 諦め顔 체념한 얼굴 □ 私共 저희들 □ 重要 중요 □ 用件 용건 □ 口伝え 입으로 전함, 구술 □ 任せる 맡기다 □ 誤り 잘못, 오류 □ 正す 바로잡다

「そうでしょうね」スペンサー夫人は何か考えているようだった。

「でも、この子を送り返す必要はないと思いますわ。ミセス・ピーター・ブリュエットが昨日ここにおいでになって、手伝いができる小さな女の子を連れてきてくれるようあたくしのところに使いをよこすんだったって、そう言ってらしたのよ。ピーター夫人のところは大所帯じゃありませんか、お手伝いのなり手がなかなかみつからないんですって。アンならまさにお誂え向きですわね。全く、神のご意思ですわ」

マリラはミセス・ピーター・ブリュエットを見かけたことはあった。背の低い、意地の悪そうな顔つきで、骨の上に余分な肉が少しもついていないようなやせぎすな女という印象だった。

"그래야지요." 스펜서 부인은 무언가를 생각하는 듯했다.

"하지만, 이 아이를 돌려보낼 필요는 없을 것 같아요. 어제 피터 블루엣 부인이 여기 오셔서는 일을 도와줄 수 있는 어린 여자아이를 보내 달라고 제게 사람을 보낼 참이었다고 하시더군요. 피터 부인 댁은 대가족이잖아요. 도와줄 사람을 좀처럼 구하기 어렵다네요. 앤이라면 딱 맞을 거예요. 정말, 하느님의 뜻입니다."

마릴라는 피터 블루엣 부인을 본 적이 있었다. 키가 작고, 심술궂은 인상에 뼈 위에 여분의 살이 하나도 붙지 않은 듯한 마른 여자라는 인상이었다.

□ おいでになる 오시다 (존경어)   □ 使い 심부름꾼, 전하는 사람   □ よこす 보내다 (격식 있는 표현)   □ 大所帯 큰 집, 대가족   □ なり手 맡아줄 사람, 일할 사람   □ みつかる 발견되다   □ お誂え向き 딱 맞는, 적합한   □ 神 신   □ ご意思 뜻   □ 見かける 보다, 만나다   □ 意地悪い 심술궂다, 짓궂다   □ 顔つき 얼굴 모양, 표정   □ 骨 뼈   □ 余分 여분, 남는   □ 肉 살, 고기   □ つく 붙다   □ やせぎす 마른, 홀쭉한   □ 印象 인상

だが噂だけは聞き及んでいた。「働くのもこき使うのも恐ろしいほど」ミセス・ピーターはよくそう言われていた。ブリュエット家から解放された元女中の子達からは、夫人の気の短さとけち臭さ、それから、ブリュエット家の生意気で口答えばかり巧い子供達の恐ろしげな逸話が、尾鰭をつけて聞こえて来ていた。マリラは、そんな夫人に任せてアンを手放すことを思うと、良心に痛みを感じるのだった。

하지만 소문만은 익히 들어 알고 있었다. '일을 시키는 것도 부려 먹는 것도 무서울 정도' 피터 부인에 대해 사람들은 그렇게 말했다. 블루엣 집에서 해방된 전 하녀 아이들로부터 부인은 성격이 급하고 인색하며 블루엣 집안의 아이들은 건방지고 말대꾸만 잘한다는 무시무시한 이야기가 꼬리에 꼬리를 물고 전해지고 있었다. 마릴라는 그런 부인에게 앤을 맡기고 떠나보낸다는 생각에 양심의 가책을 느끼는 것이었다.

□ 噂 소문 □ 聞き及ぶ 들어서 알다, 전해 듣다 □ 働く 일하다 □ こき使う 부려먹다 □ 恐ろしい 두렵다, 무섭다 □ 女中 하녀, 식모 □ 気が短い 성미가 급하다 □ けち臭い 인색한, 구두쇠 같은 □ 生意気 건방진, 버릇없는 □ 口答え 대답, 말대꾸 □ ばかり ~만, ~뿐 □ 恐ろしげ 무서운 □ 逸話 일화, 이야기 □ 尾鰭 (이야기의) 군더더기, 과장 □ 手放す 남의 손에 넘기다 □ 良心 양심 □ 痛み 아픔

「それじゃ、上がらせて頂いて、その件につき相談致しましょう」マリラはそう言った。

ミセス・スペンサーはあわただしく客を玄関から客間へと通した。その部屋に入ったとたん、みんなひどく寒気を感じた。部屋の空気は、ダーク・グリーンの閉め切ったブラインドの目で長いこと濾されて、当初あった暖かさのかけらも残っていないようだった。

「本当に運が良いですわ、これでちゃんともめごとを解決できるんですものね。この女の子のことで、間違いがあったらしいんですの、ミセス・ブリュエット」とスペンサー夫人。

"그럼, 안으로 들어가 이 일에 대해 상의드리겠습니다." 마릴라는 그렇게 말했다.

스펜서 부인은 부산을 떨며 황급히 손님을 현관에서 응접실로 안내했다. 그 방에 들어서는 순간, 모두가 심한 한기를 느꼈다. 방 안의 공기는 굳게 닫은 짙은 녹색의 블라인드 틈으로 오랫동안 걸러져 처음에 있었던 따뜻함이라고는 조금도 남아 있지 않은 듯했다.

"정말 운이 좋네요, 이렇게 해서 제대로 갈등을 해결할 수 있으니까요. 이 여자아이에 관해 착오가 있었던 것 같아요, 블루엣 부인." 하고 스펜서 부인이 말했다.

□ 上がる 올라가다, 들어가다　□ その件 건, 사항　□ 相談 상담　□ あわただしい 분주하다, 부산하다　□ 通す 통하게 하다, 안내하다　□ 寒気 한기　□ 空気 공기　□ ダーク・グリーン 다크 그린(짙은 녹색)　□ 閉め切る (문·창문 등을) 전부 닫아 두다, 완전히 닫다　□ ブラインド 블라인드　□ 目 틈, 구멍　□ 濾す 걸러내다　□ 当初 애초　□ かけら (부서진) 조각, 단편, (다음에 부정어가 와서) 극히 적은 것의 비유　□ 残る 남다　□ 運 운　□ もめごと 문제, 시비　□ 解決 해결

「肘掛け椅子をお使いになって、ミス・カスバート。アン、あなたはそこの長椅子におかけなさい、おとなしくしてるのよ。お帽子を渡して下さいな。フローラ・ジェーン、ケトルをかけてきてちょうだい。ご機嫌よう、ミセス・ブリュエット。あなたが、たまたまおいでになるなんて、あたくし達、なんて幸先が良いんだろうってお話ししてましたのよ。お二人とも紹介させて下さいな。ミセス・ブリュエット、こちらがミス・カスバートです。

　あたくしは、ミス・カスバートが小さな女の子を養子に欲しがっていたと聞いていたんですの。あたくし、確かにそう言われましたのよ。そうしたら、男の子を欲しがっていた、ということらしいんですの。ですから、もし奥様がまだ昨日と同じお気持ちなら、どうでしょう、この子なら奥様には丁度良いのじゃないかしら」

"팔걸이의자에 앉으세요, 커스버트 씨. 앤, 너는 저기 긴 의자에 앉으렴, 얌전히 있어야 해. 모자 좀 건네줘. 플로라 제인, 주전자를 올려주렴. 안녕하세요, 블루엣 부인. 당신이 마침 와 계시다니, 우리가 얼마나 운이 좋은가 얘기하고 있었답니다. 두 분을 소개해 드릴게요. 블루엣 부인, 이쪽은 커스버트 씨세요.

저는 커스버트 씨가 어린 여자아이를 양자로 들이고 싶어 한다고 들었어요. 저는 분명히 그렇게 들었어요. 그런데 남자아이를 원했다는 것 같아요. 그러니까 만약 부인께서 아직 어제와 같은 마음이라면, 어떠세요, 이 아이가 딱 알맞지 않을까 싶어서요."

빨간머리 앤　赤毛のアン

- 肘掛け椅子 팔걸이의자 □ 長椅子 긴 의자 □ おとなしい 온순하다, 얌전하다 □ ケトル 케틀(밑바닥이 평평한 물 주전자) □ ちょうだい 해주십시오, 주세요(요청하는 말) □ ご機嫌よう 안녕히 계세요/안녕히 가세요 (격식체) □ たまたま 우연히 □ 幸先 좋은 징조, 전조 □ 紹介 소개 □ 養子 입양아 □ 奥様 부인(존칭) □ 丁度 꼭, 마침

ブリュエット夫人が鋭い視線をアンの方に放ち、頭の天辺から足の先まで視線の矢を突き刺していった。

「あんたは幾つで、名前は何だね？」

「アン・シャーリーです」その子はすっかり萎縮して、声が震えていた。その名の綴りにおけるいかなる規定条項も、敢えて申し出る勇気はなかった。「歳は十一歳です」

「見掛けは大したことなさそうだ。だが、あんたは針金みたいに丈夫そうだ。さて、あたしが引き取るからには、あたしがあんたに求めるのは、自分の生活費は働くことだ、これは守ってもらうよ。わかりました、この子は引き取っても良いですよ、ミス・カスバート。うちの赤ん坊はひどくむずかるから、面倒を見てるとすっかりくたびれるんでね。良かったら今すぐこの子を連れて行きます」

블루엣 부인이 날카로운 시선을 앤 쪽으로 던지며 머리끝에서부터 발끝까지 시선의 화살을 꽂아 넣었다.

"너는 몇 살이고, 이름이 뭐니?"

"앤 셜리입니다." 그 아이는 완전히 위축되어 목소리가 떨리고 있었다. 그 이름의 철자에 관한 어떤 규정 조항도 감히 꺼낼 용기가 없었다. "나이는 열한 살이에요."

"겉보기엔 대단치 않아 보이는구나. 그래도 철사처럼 튼튼해 보이네. 자, 내가 데려가기로 한 이상, 내가 너에게 요구하는 건 자기 생활비는 스스로 벌어야 한다는 거야, 이건 꼭 지켜야 해. 알겠어요, 이 아이 데려가도 좋을 거 같아요, 커스버트 씨. 우리 집 아기가 엄청나게 보채서 돌보다 보면 완전히 녹초가 되거든요. 괜찮다면 지금 당장, 이 아이를 데려가겠어요."

빨간머리 앤　赤毛のアン

□ 鋭い 날카롭다 □ 放つ 보내다, 쏘다 □ 天辺 꼭대기 □ 矢 화살 □ 突き刺す 꽂다 □ 幾つ 몇 살 □ 萎縮 위축 □ 震える 떨리다 □ 規定 규정 □ 条項 조항 □ 敢えて 감히, 일부러 □ 勇気 용기 □ 見掛け 겉모습 □ 針金 철사 □ 丈夫 튼튼한, 강한 □ 生活費 생활비 □ 赤ん坊 아기 □ むずかる 보채다, 투정을 부리다 □ 面倒を見る 보살피다 □ くたびれる 지치다, 피곤하다

　マリラがアンを振り返ると、堅いはずの決心が思わず和らいでしまった。真っ青な顔をして、口もきけないほど惨めなこの子の様子ときたら。この孤立無縁な子供は、せっかく逃げ出せたところを、またしても同じ罠につかまってしまったのだ。

　もし、あんな目で訴えてくる救いの願いを拒絶したなら、死ぬその日に至るまで罪の意識がまとわりつくだろうことは確実だと感じた。しかもマリラは、ミセス・ブリュエットを気に入っているとは言いがたかった。傷つきやすく『神経過敏』な子を、こんな女の手に引き渡すなんて！　いや、そんなことをしたら責任の取りようがない！

　마릴라가 앤을 돌아보며, 단단히 먹었던 결심이 저도 모르게 누그러지고 말았다. 새파랗게 질린 얼굴에 말도 꺼내지 못할 만큼 비참한 그 아이의 모습이란. 이 고립무원의 아이는 간신히 벗어났던 곳에서 다시 같은 덫에 걸려버리고 만 것이다.

　만약 저런 눈으로 호소해 오는 구원의 바람을 거절한다면, 죽는 날까지 죄책감이 따라다닐 게 틀림없다고 느꼈다. 게다가 마릴라는 블루엣 부인이 마음에 든다고는 말할 수 없었다. 상처받기 쉬운, '신경이 예민한' 아이를, 이런 여자의 손에 넘긴다니! 아니, 그런 짓을 하면 책임질 방법이 없다!

□ 決心 결심 □ 和らぐ 부드러워지다, 누그러지다 □ 真っ青 창백한 □ 口もきけない 말도 못하다 □ 惨め 비참함 □ 孤立 독립 □ 無縁 무연, 인연이나 연고자가 없음 □ 逃げ出す 도망치다 □ 罠 함정 □ つかまる 잡히다, 걸리다 □ 訴える 호소하다, 청하다 □ 救い 구원, 구출 □ 拒絶する 거절하다, 배척하다 □ 死ぬ 죽다 □ 罪の意識 죄책감 □ 確実 확실 □ まとわりつく 들러붙다, 따라다니다 □ 気に入る 마음에 들다, 좋아하다 □ 傷つく (몸을) 다치다, 상처를 입다 □ 神経過敏 신경이 예민함 □ 引き渡す 넘기다, 인계하다 □ 責任 책임 □ 取る 잡다, 받다, 얻다 □ ようがない 방법이 없다, 해결할 수 없다

「そうですね、どうしましょう」マリラは考え考え言った。

「マシューもわたしも、この子を全然引き取るつもりが無いとは言っておりませんよ。実を申しますと、マシューはこの子を置きたがっておりまして。今日お邪魔したのは、何処で間違いが起こったのか確かめるためなんです。

またこの子を連れて帰って、マシューと話し合ったほうが良いかもしれません。何であれ、兄に相談なしでは決めかねますから。もしわたし共でこの子を置かないと決めましたら、明日の晩に、この子を連れていくなり送るなり致します。連れて行かなかった時は、この子はわたし共で預かることになったと承知おき下さい。これで宜しいですか、ミセス・ブリュエット？」

「宜しくするしかないでしょうよ」ブリュエット夫人はむっとして言った。

"글쎄요, 어떻게 할까요?" 마릴라는 생각에 잠겨 말했다.
"매튜나 저나, 이 아이를 받아들일 생각이 전혀 없다고는 말하지 않았습니다. 사실을 말씀드리자면, 매튜는 이 아이를 집에 두고 싶어 해요. 오늘 이렇게 찾아온 건, 어디에서 착오가 생겼는지 확인하기 위해서예요."
다시 이 아이를 데려가서, 매튜와 상의하는 편이 좋을 것 같아요. 무엇이든 오빠와 상의 없이 결정을 내리기 어렵거든요. 만약 저희가 이 아이를 데리고 있지 않기로 한다면, 내일 저녁에 이 아이를 데려오든지 보내든지 하겠습니다. 데려오지 않는다면, 저희가 이 아이를 맡기로 결정한 걸로 이해해 주세요. 이걸로 괜찮으시겠어요, 블루엣 부인?"
"좋을 대로 하시죠." 블루엣 부인은 기분이 나쁜 듯 말했다.

빨간머리 앤　赤毛のアン

□ 考え考え 생각하다(考える)를 반복하는 표현　□ たがる ~고 싶어 하다
□ お邪魔する 남의 집에 방문하다　□ 話し合う 상의하다, 이야기하다　□ -かねる (사정이 있어서) 그렇게 하기 어렵다　□ 晩 밤　□ 預かる 맡다, 보살피다
□ 承知 동의, 승낙　□ 宜しい 좋다(よい)의 격식 차린 말씨, 좋다, 괜찮다　□ むっとする 화가 나다, 기분이 나쁘다

マリラが話している間、夜明けの陽の光が、徐々にアンの顔に射しこんできた。始めのうちは絶望の面持ちが次第に消え去っていった。そのあと、かすかな希望の光が頬にさし、今や二つの眼は濁りなく輝く明けの明星だった。この子はすっかり生まれ変わっていた。しばらくして、ミセス・ブリュエットが借りに来たレシピを探しにミセス・スペンサーと部屋を出て行くと、アンはパッと立ち上がり、マリラの元へ駆け寄った。

　「ああ、ミス・カスバート、グリーン・ゲイブルズにあたしを置いてくれるかもしれないって、本当に言ったの？」息もつがずに、それでも囁き声で言った。大きな声だと、この輝かしい未来が砕け散ってしまいそうだから。

　마릴라가 말하는 동안, 새벽 햇살이 서서히 앤의 얼굴에 비쳐 들었다. 처음에는 절망에 젖어있던 표정이 점차 사라졌다. 그 뒤, 희미한 희망의 빛이 뺨에 비치며, 지금은 두 눈이 흐림 없이 빛나는 샛별이었다. 이 아이는 완전히 다시 태어나고 있었다. 잠시 후 블루엣 부인이 빌리러 온 요리법을 찾으러 스펜서 부인과 방을 나가자, 앤은 벌떡 일어나 마릴라의 곁으로 달려갔다.

　"아, 커스버트 아주머니, 초록 지붕집에 저를 두실지도 모른다고, 정말 그렇게 말한 거예요?" 앤은 숨도 쉬지 않고 그러나 속삭이는 목소리로 말했다. 큰 목소리로 말하면, 이 찬란한 미래가 산산이 부서져 버릴 것만 같았기 때문이다.

빨간머리 앤　赤毛のアン

☐ 夜明け 새벽 ☐ 徐々に 서서히 ☐ 射しこむ 비추다, 들어오다 ☐ 絶望 절망 ☐ 面持ち 표정, 얼굴 모양 ☐ 次第に 차츰, 차례차례 ☐ 消え去る 사라지다 ☐ かすかな 희미한, 미세한 ☐ 希望 희망 ☐ 濁りなく 흐림 없이, 깨끗하게 ☐ 明け 새벽녘 ☐ 明星 샛별 ☐ 生まれ変わる 다시 태어나다 ☐ しばらく 잠깐, 당분간 ☐ 借りる 빌리다 ☐ レシピ 레시피, 조리법 ☐ 駆け寄る 달려가다 ☐ 息もつがず 숨도 쉬지 않고 ☐ 囁き声 속삭이는 목소리 ☐ 輝かしい 빛나는, 찬란한 ☐ 未来 미래

「あんたは自分の想像を抑えることを覚えるべきだと思うよ、アン。本当のこととそうじゃないことの区別がつかないようじゃね」マリラは意地悪く言った。

「確かに言ったよ、あんたの聞いたとおりで、あたしはそう言ったが、それだけだよ。まだ決まった訳じゃないし、もしかすると、ミセス・ブリュエットが結局あんたを引き取ることになるかもしれないよ。あたしよりあの人の方が、あんたが必要なのは確かだからね」

「あの人と一緒に住むくらいなら孤児院に戻ったほうがましよ」アンは激しく言った。

「あの人、ほんとに、えっと、ねじ錐みたい」

マリラは笑いを押し殺した。こんなことを言うなんて、アンを叱っておかなくては。

"너는 네 상상력을 억제하는 법을 배워야 한다고 생각해, 앤. 사실과 사실이 아닌 것을 구별하지 못하는 것 같으니 말이야." 마릴라는 못되게 말했다.

"확실히 말했어, 네가 들은 대로야. 그렇게 말했지만, 그게 다야. 아직 결정된 건 아니고, 어쩌면 블루엣 부인이 결국 너를 맡게 될지도 몰라. 나보다는 저쪽이 너를 더 필요로 하는 건 분명하니까."

"저런 사람이랑 같이 사느니 고아원으로 돌아가는 게 나아요." 앤은 격하게 말했다.

"저 사람은 정말이지, 그러니까… 송곳 같아요."

마릴라는 웃음을 참았다. 이런 말을 한다니, 앤을 혼내줘야 했다.

□ 抑える 억누르다, 억제하다 □ 区別 구별 □ つかない 닿지 않다 □ 訳 이유, 까닭 □ まし 더(보다) 나음, 더 좋음 □ ねじ錐 나사못, 나사처럼 돌아가는 물건 □ 押し殺す 참다, 억누르다

「大人の女性に、しかも知らない人に、そんな風な言い方をするなんて、あんたみたいな小さな女の子のすることじゃないよ、恥ずかしいと思いなさい」そう厳しく言った。

「さ、戻って、おとなしく座ってなさい、口は閉じて無駄口をきかないこと、良い女の子に相応しくしてるんだよ」

「努力します、おばさんに言われた通り、何でもするし何にでもなるわ、もしあたしを置いてくれるんなら」アンは、従順そうに元の長椅子へと戻った。

その晩、二人がグリーン・ゲイブルズに帰ったとき、マシューと丁度小径ですれ違った。マシューが小径をうろうろしているのを、マリラはずっと向こうから気がついていたので、何のためにそんなところにいるのか予想はついていた。

"어른 여성한테, 그것도 처음 보는 사람한테 그런 식으로 말하다니, 너처럼 어린 여자아이가 할 짓이 아니야. 부끄러운 줄 알아야지." 마릴라는 엄하게 말했다.

"자, 돌아가서 얌전히 앉아 있거라. 입은 다물고 쓸데없는 말은 하지 말 것, 착한 여자아이답게 굴도록 해."

"노력할게요, 아주머니가 말씀하신 대로 뭐든지 할 거고 뭐든지 될게요. 만약 저를 데리고 있어 주신다면요." 앤은 순종적으로 원래 있던 긴 의자로 돌아갔다.

그날 밤, 두 사람이 초록 지붕 집으로 돌아왔을 때, 매튜와 딱 오솔길에서 마주쳤다. 마릴라는 매튜가 오솔길을 서성이고 있는 것을 멀리서부터 눈치채고 있었기 때문에, 그가 왜 그런 곳에 있는지 예상은 하고 있었다.

빨간머리 앤　赤毛のアン

□ 大人 어른, 성인 □ 無駄口 쓸데없는 말 □ 相応する 상응하다 □ 従順 순종, 온순함 □ すれ違う 엇갈리다, 마주치다 □ うろうろする 배회하다 □ 予想 예상

マリラには、とりあえずは自分がアンを一緒に連れ返したのを見て、マシューが安心した顔をするのは分かっていた。しかし、今回の件に関してはマシューには何も言わず、二人が外に出て納屋の裏手の庭で牛の乳搾りをする時を待った。そこでようやく、アンの経歴とスペンサー夫人との会見の結果について、簡潔に伝えたのだった。普段あまり表情豊かとは言えないマシューの顔が、嬉しくて輝いたようだった。

「うむ、そうだな、そんな風に分かってくれると思っていたよ、マリラ」とマシュー。

「あの子はなかなか面白い子だよ」

「あの子は役に立つ子だって言えてれば、もっと良かったでしょうね」マリラが反撃した。「それはそうと、あの子がそうなるよう躾けるのは、あたしの役目にしますからね」

　마릴라는 일단 자신이 앤을 데리고 함께 돌아온 것을 본 매튜가 안심하는 얼굴을 지으리라는 것을 알고 있었다. 하지만 이번 일에 관해서는 매튜에게 아무 말도 하지 않은 채, 두 사람이 밖으로 나가 헛간 뒤편 마당에서 소 젖을 짜는 때를 기다렸다. 그리고서야 비로소 앤의 내력과 스펜서 부인과의 만남 결과에 대해 간결하게 전했다. 평소 표정이 그다지 풍부하다고는 할 수 없는 매튜의 얼굴이 기쁨에 빛나는 듯했다.
"음, 그래, 그렇게 이해해 줄 거라고 생각하고 있었어, 마릴라." 하고 매튜가 말했다.
"저 아이는 꽤 재미있는 아이야."
"저 아이가 쓸모 있는 아이라고 말해줬다면 더 좋았을 텐데요." 마릴라는 반격하듯 말했다. "어쨌든, 그 아이가 그렇게 되도록 제대로 가르치는 건 내 책임이에요."

빨간머리 앤 赤毛のアン

□ 安心 안심 □ 裏手 뒤쪽 □ 牛 소 □ 乳搾り 젖짜기 □ 経歴 경력 □ 会見 회견 □ 結果 결과 □ 普段 평소 □ 役に立つ 유용하다, 도움이 되다 □ 反撃 반격 □ 躾ける 훈육하다 □ 役目 역할

「そうだよ、そうだよ、マリラ、自分の好きなようにやって良いさ」マシューは安心させるつもりで言った。

マリラは鼻で笑って、バケツを持って製乳室に歩き去った。

孤児の女の子を養子にする日が来るなんて思ったことあるかね？それだけでも充分驚いたよ。しかし、マシューがきっかけになったってことの方が、よっぽど驚いたね。いつも小さな女の子を死ぬほど恐がってた、あの兄さんがねえ。とにかく、あたし達はやったことのないことに踏み込むことに決めたんだから、あとは何が起こるか、神様だけがご存じだよ」

"그래, 그래, 마릴라, 네가 원하는 대로 해." 매튜는 안심시킬 생각으로 말했다.

마릴라는 코웃음을 치며, 버킷을 들고 젖 짜는 방으로 걸어갔다.

"고아 여자아이를 입양하는 날이 올 거로 생각한 적 있나? 그것만으로도 충분히 놀라운 일이야. 그런데 매튜가 계기가 되었다는 사실은 더 놀라워. 항상 어린 여자애들이 무서워서 죽을 지경이던 그 오빠가 말이야. 어쨌든, 우리는 해본 적 없는 일에 발을 들여놓기로 결심했으니까, 이제 무슨 일이 생길지는 하느님만 아시겠지."

□ 鼻で笑う 코웃음을 치다　□ バケツ 버킷　□ 製乳室 젖 짜는 방　□ きっかけ 계기　□ よっぽど 훨씬 더　□ 死ぬほど 죽을 만큼　□ 踏み込む 발을 들여놓다　□ 神様 신, 하느님　□ ご存じだ 아시다(존경어)

第6章 アンの躾け、開始

　誰にも理由は話さなかったが、マリラは、グリーン・ゲイブルズに居ることになったとは、翌日の午後になるまでアンに伝えなかった。午前中はアンにいろんな仕事をさせてみて、仕事をこなす様子を厳しい目でチェックするのだった。

　昼頃にはおおむね結論に達していた。この子は要領が良いし、素直で働くのを嫌がらない、仕事の飲み込みもはやいね。ただ一番重大な欠点は、なにかと空想にはまる癖があることのようだ。一つ仕事を始めると、そのうちに空想が始まって何もかも忘れてしまう。叱るか大失敗すると、いきなり現実に呼び戻されるんだ。

6장 앤의 훈육, 시작

　마릴라는 누구에게도 이유를 말하지 않았지만, 앤에게 초록 지붕 집에 있게 되었다는 사실을 다음 날 오후가 되기까지 전하지 않았다. 오전 내내 앤에게 여러 가지 일을 시켜보고, 일을 해내는 모습을 엄격한 눈으로 지켜보았다.

　점심 무렵에는 대체로 결론에 도달해 있었다. 이 아이는 요령이 좋고, 고분고분하고 일하는 것을 싫어하지 않고, 일을 배우는 것도 빠르다. 다만 가장 중대한 결점이라면, 툭하면 공상에 빠지는 버릇이 있다는 점인 듯하다. 한 가지 일을 시작하면, 어느새 공상이 시작되어 모든 걸 잊어버리고 만다. 혼내거나 큰 실수를 하면 갑자기 현실로 돌아오는 것이다.

- ☐ 翌日 이튿날 ☐ いろんな 여러 가지 ☐ 仕事 일 ☐ こなす 해내다, 처리하다 ☐ チェック 체크 ☐ おおむね 대체로, 거의 ☐ 達する 도달하다 ☐ 要領 요령, 능숙함 ☐ 嫌がる 싫어하다 ☐ 飲み込む (의미를) 이해하다, 삼키다 ☐ そのうち 가까운 시일 안에, 머지않아 ☐ 始める 시작하다 ☐ 空想 공상 ☐ 始まる 시작되다 ☐ 忘れる 잊다 ☐ 大失敗 대실패 ☐ いきなり 갑자기, 불쑥, 돌연히 ☐ 現実 현실 ☐ 呼び戻す 다시 불러오다, 현실로 돌아오게 하다

昼食の皿を洗いおわると、アンは不意にマリラの前に立ちはだかった。

「ねえ、お願い、カスバートさん、あたしを送り返すのか、送り返さないのか教えてくれない？ 午前中はずっと我慢してたけど、教えてもらえないなんてもう耐えられそうにないの。すごく嫌な気分なのよ。お願い、教えて」

「きれいなお湯でその布巾をすすいでないよ、そう言っただろ」と、マリラは動じなかった。

「さっさとすすいで来なさい、質問するのはその後だよ、アン」

アンはすごすごと戻って、布巾に注力することにした。それが終わってアンがまたマリラの元へ戻って来ると、マリラの顔を泣きそうな目でじっと見つめた。

점심 설거지를 마치자, 앤은 불쑥 마릴라 앞을 가로막았다.

"저기, 부탁이에요, 커스버트 아주머니, 저를 돌려보낼 건지, 안 돌려보낼 건지 알려 주시지 않겠어요? 오전 내내 참아왔지만, 알려 주시지 않으시니 더는 견딜 수 없을 것 같아요. 너무 기분이 안 좋아요. 제발, 말해주세요."

"깨끗한 뜨거운 물로 행주를 헹구지 않았잖니, 말했었지?" 마릴라는 동요하지 않았다.

"얼른 가서 헹구고 오렴. 질문은 그다음이야, 앤."

앤은 풀이 죽은 채 돌아가서 행주에 집중하기로 했다. 그 일이 끝나고, 앤은 다시 마릴라에게 돌아와 울 것 같은 눈으로 마릴라의 얼굴을 가만히 응시했다.

□ 昼食 점심 □ 洗う 씻다 □ おわる 끝나다 □ 不意 뜻밖, 갑작스러움 □ 立ちはだかる 앞을 막고 서다 □ 教える 가르치다, 자기가 아는 바를 알리다 □ 我慢する 참다 □ 嫌 싫음, 불쾌함 □ 布巾 행주, 수건 □ すすぐ 헹구다, 씻다 □ 動じる 동요하다 □ その後 그 후, 이후 □ すごすご 풀이 죽은 듯이, 기가 죽은 채 □ 注力する 집중하다, 힘을 쏟다 □ じっと 가만히, 뚫어지게

「そうだね」とマリラ。これ以上説明を遅らせる言い訳も思いつかなかった。「もう言っても良いかもしれないね。マシューとあたしは、あんたを預かることに決めたよ。もしあんたが良い子でいるよう努めること、それに感謝の念を示すこと、そうしたらの話だよ。まあ、この子は、どうしたっていうんだい?」

「涙が止まらないの」とアン、自分でも予想外だったらしい。

「どうしちゃったのかな。嬉しくて嬉しくてしょうがないのに。違った、嬉しいじゃ全然ぴったりこないわ。

胸打つ白き路もサクランボの花も嬉しかったけど、でも、これは! ああ、嬉しいなんて遥かに越えてる。とっても幸せなんだ。あたし頑張ってとっても良い子になります。険しい坂道を登るような難しい務めになりそうだけど。

"그래." 하고 마릴라가 말했다. 더 이상 설명을 미룰 핑계도 떠오르지 않았다. "이제 말해도 괜찮을지도 모르겠네. 매튜와 나는 너를 맡기로 했단다. 만약 네가 좋은 아이가 되려고 노력하고 감사하는 마음을 보이는 것, 그렇게 한다면 말이야. 이런, 이 애는 도대체 왜 이러는 거지?"

"눈물이 멈추질 않아요." 하고 앤은 자신도 뜻밖이라는 듯 말했다.

"왜 이러는 걸까요. 기쁘고 기뻐서 어떡해야 해요. 아니, '기쁘다'라는 말은 전혀 딱 와닿지 않아요.

가슴을 울리는 하얀 길도, 벚꽃도 기뻤지만, 하지만 이건! 아아, 기쁘다는 걸 훨씬 넘었어요. 정말로 행복해요. 저 노력해서 정말 착한 아이가 될게요. 험한 언덕길을 오르는 것 같은 어려운 임무가 될지도 모르지만요.

□ 言い訳 변명 □ 思いつく 생각해 내다, 떠오르다 □ 努める 노력하다, 힘쓰다 □ 感謝 감사 □ 念 마음, 생각 □ 示す 나타내다 □ 予想外 예상외 □ しょうがない 달리 방법이 없다, 감당할 수 없다 □ ぴったり 꼭 맞음, 딱 맞는 느낌 □ 胸打つ 가슴을 울리다, 깊은 감동을 주다 □ 路 길, 도로 □ 遥かに 훨씬, 월등히 □ 坂道 언덕길 □ 務め 임무

だって、トマスのおばさんがよく言ってたもの、なんて悪い子なんだい、救いようがないねって。それでも、全力をつくすわ。でもどうして涙が止まらないのかな?」

「たぶん、興奮して舞い上がってるからだろうよ」

マリラはまたかと、あまり良い顔をしていなかった。

「そっちの椅子に座って落ち着きなさい。あんたはすぐ泣く、すぐ笑う、大丈夫かね。とにかく、あんたはここに居ても良くなったし、あたし達はあんたに充分なことはしてやるつもりだよ。学校にも行くんだからね。まあ、夏休みまで二週間しかないから、九月にまた学校が始まるまでの間はあまり意味がないよね。」

「あたし、アヴォンリーで本当の心の友ができるかな?」

「え? 何の友だって?」

왜냐하면, 토머스 아주머니가 자주 말했거든요. 정말 못된 애로구나, 구제불능이야 라고요. 그래도 전력을 다할 거예요. 그런데 왜 눈물이 멈추질 않는 걸까요?"

"아마 흥분해서 들떠 있기 때문이겠지."

마릴라는 또 시작이군 싶어 그다지 좋은 표정은 짓지 않았다.

"그쪽 의자에 앉아서 진정하렴. 너는 금방 울고, 금방 웃고, 괜찮은 거니. 어쨌든, 너는 여기 있어도 괜찮아졌고, 우리는 너한테 충분한 것을 해줄 생각이야. 학교에도 갈 거니까. 뭐, 여름방학까지 2주밖에 안 남았으니, 9월에 다시 학교가 시작할 때까지 기간은 별로 의미가 없겠지."

"저, 에이번리에서 진짜 마음의 친구를 사귈 수 있을까요?"

"응? 무슨 친구라고 했니?"

빨간머리 앤 赤毛のアン

□ 全力 전력 □ 興奮する 흥분하다 □ 舞い上がる 붕 뜨다 □ 顔をする 표정 등을 짓다 □ 笑う 웃다 □ 大丈夫 괜찮음 □ 学校 학교 □ 夏休み 여름방학 □ 心の友 마음의 친구, 진정한 친구

「心の友, 親しい友達よ, 本当に同じ波長の人で、この子なら心の底まで打ち明けられるって子。そんな子に会えれば良いなって、生まれてからずっと夢見てきたの。本当に心の友ができるなんて思ってなかったけど、素敵な夢がいくつもいっぺんに叶ったんだもの、これも叶うかもしれないわ。叶いそうだと思う？」

「ダイアナ・バリーが向こうの果樹園坂にいるね、あの子はあんたと同い年くらいだよ。とても良い娘だから、あんたの遊び友達になるかもしれないね。今はカーモディーの叔母さんの家にいるがね。友達になるにしても、行儀よくするように気をつけないといけないよ。バリー夫人はとてもやかまし屋なんだよ。礼儀作法がしっかりしてる良い子じゃないとダイアナと遊ばせてもらえないだろうね」アンはリンゴの花ごしにマリラを見つめた。興味津で瞳を輝かせていた。

"마음의 친구, 친한 친구요, 진짜 같은 파장을 가진 사람, 이 아이라면 마음 깊은 곳까지 털어놓을 수 있겠다는 아이. 그런 아이를 만날 수 있으면 좋겠다고, 태어날 때부터 줄곧 꿈꿔왔어요. 진짜 마음의 친구가 생길 거라곤 생각하지 않았지만, 멋진 꿈 여러 개가 한꺼번에 이뤄졌는걸, 이것도 이뤄질지 몰라. 이뤄질 거라고 생각해요?"

"다이애나 배리가 저쪽 과수원 언덕에 살고 있어. 그 아이는 너랑 같은 나이쯤이야. 아주 착한 아이라서, 네 놀이 친구가 될지도 모르겠구나. 지금은 카모디 이모 집에 있단다. 친구가 된다고 해도, 예의 바르게 행동하도록 조심해야 해. 배리 부인은 아주 까다로운 사람이거든. 예의범절이 제대로 된 착한 아이가 아니면 다이애나와 놀게 해주지 않을 거야." 앤은 사과꽃 너머로 마릴라를 바라보았다. 호기심 가득한 눈으로 눈망울을 반짝이고 있었다.

□ 親しい 친하다 □ 友達 친구 □ 波長 파장 □ 底 바닥, 밑바닥 □ 打ち明ける (비밀·고민 등을) 숨김없이 이야기하다, 털어놓고 이야기하다 □ 生まれる 태어나다 □ いくつも 여러 개나 □ いっぺんに 한꺼번에, 동시에 □ 叶う 이루어지다 □ 坂 고개, 언덕 □ 同い年 같은 나이, 동갑 □ 遊び友達 놀이 친구 □ 叔母さん 이모, 고모, 숙모 등 나이 많은 여성 친척 □ 行儀 예의범절, 품행 □ 気をつける 주의하다, 조심하다 □ やかまし屋 까다로운 사람, 잔소리가 심한 사람 □ 礼儀作法 예의범절 □ -ごし (명사에 붙어서) ~너머 □ 興味津々 매우 흥미진진함, 호기심이 가득한 상태 □ 輝かす 빛내다

第7章 レイチェル・リンド夫人、驚愕

　アンがグリーン・ゲイブルズで暮らしはじめて二週間ほど経ってから、ようやくリンド夫人がアンを検分に訪れた。季節はずれの重いインフルエンザに見舞われて、先般グリーン・ゲイブルズを訪れてから今日に至るまで、この善き夫人は自宅に禁足の憂き目にあっていたのである。

　かかりつけの医者から家の外に出る許しが得られると、夫人は直ちにグリーン・ゲイブルズへと急行した。マシューとマリラが預かることになった孤児を一目見ようと、夫人の好奇心は爆発寸前であった。この孤児については、既にアヴォンリー一帯で、ある事無い事、各種様々な噂と憶測が飛び交っていたのである。

7장 레이첼 린드 부인, 경악하다

　앤이 초록 지붕 집에서 살기 시작하고 나서 2주 정도 지난 후, 드디어 린드 부인이 앤을 살펴보기 위해 찾아왔다. 철 지난 심한 독감에 걸려, 지난번 초록 지붕 집을 방문한 이후로 오늘에 이르기까지 이 선량한 부인은 자택에 발이 묶이는 고생을 겪고 있었던 것이다.

　주치의로부터 집 밖에 나가도 된다는 허락을 받자, 부인은 곧장 초록 지붕 집으로 향했다. 매튜와 마릴라가 맡게 된 고아를 잠깐이라도 보려고, 부인의 호기심은 폭발 직전이었다. 이 고아에 대해서는 이미 에이번리 일대에서 사실이든 아니든 온갖 다양한 소문과 억측이 난무하고 있었다.

□ 驚愕 경악 □ 暮らす 살다, 생활하다 □ 検分 눈으로 확인함 □ 季節はずれ 계절에 맞지 않음, 철 지난 □ インフルエンザ 독감 □ 見舞う (반갑지 않은 것이) 닥쳐오다, 덮치다 □ 先般 지난번, 요전 □ 善き 선한, 좋은(고어체) □ 自宅 자택 □ 禁足 금족, 발이 묶임 □ 憂き目 괴로운 일, 고생 □ かかりつけ 언제나 그 의사의 진찰·치료를 받는 일 □ 医者 의사 □ 許し 허가 □ 得る 얻다 □ 急行する 급히 가다 □ 一目見る 한 번 보다, 가볍게 보다 □ 好奇心 호기심 □ 爆発寸前 폭발직전 □ 一帯 일대 □ ある事無い事 있는 일 없는 일 □ 各種 각종 □ 様々な 다양한 □ 憶測 억측 □ 飛び交う 이리저리 날다, 난무하다

　その二週間というもの、アンは目を覚ました後の時間を最大限に有効活用していた。窪地を下った所にある泉とも友達になった。その泉からは驚くほど深く、澄み切って指が切れるほど冷たい水が湧き出ていた。

　森にはまっすぐに伸びたモミとエゾマツが密に生い茂っていて、その木々の下では一年を通して薄明が支配していた。

　アンは自分の発見したあれこれについて、マシューとマリラ相手に耳が聞こえなくなるくらいうるさく喋りまくった。

　그 2주 동안, 앤은 잠에서 깬 뒤의 시간을 최대한으로 알차게 활용하고 있었다. 와지를 내려간 곳에 있는 샘물과도 친구가 되었다. 그 샘에서는 놀라울 만큼 깊고, 맑디맑으며, 손가락이 베일 듯 차가운 물이 솟아나고 있었다.
　숲에는 곧게 뻗은 전나무와 가문비나무가 빽빽하게 우거져 있고, 그 나무들 아래에서는 일 년 내내 희미한 빛이 지배하고 있었다.
　앤은 자신이 발견한 이것저것에 대해 매튜와 마릴라를 상대로 귀가 들리지 않을 정도로 시끄럽게 떠들어댔다.

□ 最大限 최대한 □ 有効活用する 효과적으로 활용하다 □ 所 곳, 장소 □ 泉 샘, 샘물 □ 深い 깊다 □ 澄み切る 아주 맑게 트이다 □ 指 손가락 □ 切れる 베다 □ 冷たい 차다 □ 湧き出る 솟아나다 □ まっすぐに 곧게, 똑바로 □ モミ 전나무 □ エゾマツ 가문비나무 □ 密に 빽빽하게 □ 生い茂る 우거지다, 무성하다 □ 薄明 박명, 희미한 빛 □ 支配する 지배하다 □ 発見する 발견하다 □ 相手 상대 □ 耳が聞こえる 귀가 들리다 □ うるさい 시끄럽다 □ 喋りまくる 계속 지껄이다, 쉴 새 없이 떠들다

マシューは不平を言うどころか、黙ってにこにこしながら、楽しげに聞き入っていた。マリラもとりあえず「おしゃべり」させておくのだが、それも自分がついついのめり込んでしまうのに気付くまでのことで、そうなるといつでも、もうそれくらいにしなさいと、そっけなくアンのおしゃべりを遮って黙らせるのだった。

　レイチェル夫人がやってきた時、アンはたまたま果樹園に出かけていて、自分の心の赴くままに放浪の旅を楽しんでいる真っ最中だった。そんなわけでこの善きご夫人は、誠に都合よく自分のかかった病気について、全てを語る機会を得たのであった。どんな痛みがあったとか脈搏がどうだとか、いかにも楽しそうに説明するものだから、聞いていたマリラは、インフルエンザにかかるのもそんなに悪くないのかもと思えるほどだった。

　매튜는 불평은커녕, 말없이 싱글싱글 웃으며 즐거운 듯 귀 기울이고 있었다. 마릴라도 일단은 앤이 '수다'를 떨게 내버려두지만, 그것도 자기가 어느새 이야기에 푹 빠져 있다는 걸 깨달을 때까지이고, 그렇게 되면 언제나 그쯤 해 두렴 하며 무뚝뚝하게 앤의 수다를 끊고 조용히 시키는 것이었다.

　레이첼 부인이 찾아왔을 때 앤은 때마침 과수원에 나가 있었고, 자신의 마음이 이끄는 대로 방랑 여행을 한창 즐기는 중이었다. 그런 이유로 이 선량한 부인은 참 알맞게도 자신이 앓았던 병에 대해 모두 이야기할 기회를 얻은 것이다. 어떤 통증이 있었는지, 맥박이 어땠는지 등을 너무도 즐거운 듯 설명했기 때문에 듣고 있던 마릴라는 독감에 걸리는 것도 그렇게 나쁜 일만은 아닐지도 모른다고 느낄 정도였다.

- □ 不平 불평 □ にこにこする 싱글벙글하다 □ 楽しげ 즐거운 듯 [즐겁다(楽しい) + げ] □ 聞き入る 열심히 듣다, 귀여겨 듣다 □ ついつい 그만 무심코, 자기도 모르게 □ のめり込む 빠지다, (앞으로 쓰러지듯이 해서) 깊숙이 들어가다 □ 遮る (가로)막다, 방해하다 □ 赴く 마음 가는 대로 □ 放浪 방랑 □ 真っ最中 한창 중, 한가운데 □ 誠に 참으로, 정말로 □ 都合 형편 □ 病気 병, 앓음 □ 語る 말하다, 잘 설명하다 □ 脈搏 맥박 □ いかにも 아무리 생각해도, 정말이지, 매우 □ かかる (병·재난 따위에) 걸리다

気の済むまで委細を語りつくしたところで、レイチェル夫人はようやく本来の用向きについて切り出した。

「なんだか驚くようなことがあんたとマシューにあったって聞いてるよ。とんでもない行き違いがあって災難なことだね」とレイチェル夫人は心中をお察し申し上げた。

「その子を送り返せなかったのかい？」

間もなくアンは戻ってきた。今まで果樹園で放浪の旅を楽しんでいたので、その顔は生きいきと輝いていた。が、見知らぬ人がいるのに気付くと戸惑ってしまい、ドアを入ったところで思わず立ち止まった。確かにその時のアンは妙な子供だったと言えた。

마음이 풀릴 때까지 자세한 이야기를 다 하고 나서야, 레이첼 부인은 마침내 본래의 용건에 대해 꺼냈다.

"뭔가 놀랄만한 일이 너랑 매튜한테 있었다고 들었어. 어처구니없는 착오가 있었다니 불행한 일이야." 레이첼 부인은 동정을 표하며 말했다.

"그 아이를 돌려보내지 못한 거야?"

얼마 지나지 않아 앤이 돌아왔다. 지금까지 과수원에서 방랑 여행을 즐기고 있었기에, 그 얼굴은 생기 있게 빛나고 있었다. 하지만 낯선 사람이 있는 걸 알아차리자 당황하여, 문 안으로 들어선 자리에서 저도 모르게 멈춰 섰다. 확실히 그때의 앤은 이상한 아이였다고 할 수 있었다.

빨간머리 앤　赤毛のアン

□ 気が済む 속이 시원해지다, 만족하다 □ 委細 자세한 사항, 세부 사항 □ 語り尽くす 죄다 이야기하다 □ 本来 본래 □ 用向き 용건, 일의 목적 □ 切り出す 말을 꺼내다 □ 行き違い 엇갈림 □ 災難 재난, 재수 없는 일 □ 心中 심중 □ 察する 헤아리다 □ 申し上げる (겸양어) 말씀드리다 □ 間もなく 곧, 머지않아 □ 生きいき 생기있게 □ が 역접 : ~하지만, 그러나 / 부드러운 연결 : ~인데, ~입니다만 □ 見知らぬ 낯선, 모르는 □ 戸惑う 당황하다, 어리둥절하다 □ 立ち止まる 멈추어 서다 □ 妙な 이상한, 묘한

孤児院から来るときに着ていた、短か過ぎるきつきつの交織の服のままだったし、見下ろすと短いスカートから、痩せた足がにょっきり伸びてみっともない。そばかすは上気した顔の上でいつにも増して多く見え、存在感を主張していた。
　帽子を被らずに出かけたので、風で髪が逆立っていい加減を絵に描いたようだった。そして、この時ほど髪が赤く見えたこともなかった。
　「なるほど、見掛けで選ばれたんじゃないのは絶対確実だね」レイチェル夫人による断定調の論評であった。レイチェル夫人は、常日頃から自分の考えを公平かつ率直に口にすることを誇りにしている、陽気でどこにでもいそうな人達の一人だった。

　고아원에서 올 때 입고 온, 너무 짧고 꽉 끼는 교직 옷 그대로였고, 내려다보면 짧은 치마 아래로 마른 다리가 쑥 튀어나와 보기 흉했다. 주근깨는 상기된 얼굴 위에서 평소보다 더욱 도드라져 보여 존재감을 드러내고 있었다.
　모자를 쓰지 않고 나갔기 때문에, 바람에 머리카락이 곤두서서 엉망진창인 모습은 그림으로 그려 놓은 듯했다. 그리고 이때만큼 머리카락이 빨갛게 보인 적도 없었다.
　"과연, 외모로 선택된 게 아니라는 건 틀림없이 확실하군." 레이첼 부인이 단정조로 한 논평이었다. 레이첼 부인은 평소 자기 생각을 공정하고 솔직하게 말하는 것을 자랑으로 여기는, 명랑하고 어디에나 있을 법한 사람 중 한 명이었다.

빨간머리 앤　赤毛のアン

□ きつきつ 꽉 끼는 모양 □ 見下ろす 내려다보다 □ スカート 치마 □ 痩せる 마르다, 여위다 □ にょっきり 쑥, 불쑥 (길쭉한 것이 돌출되는 모양) □ 上気する 상기되다 □ いつ 언제, 어느 때 □ 存在感 존재감 □ 主張する 뚜렷하게 드러내고 있었다 □ 被る 쓰다 □ 逆立つ 곤두서다 □ いい加減 적당히, 허술함, 건성임 □ 絵 그림 □ 描く 그리다 □ なるほど 그렇군, 과연 □ 選ぶ 고르다, 뽑다 □ 断定調 단정적인 말투 □ 論評 논평 □ 常日頃 늘, 평소 □ 公平 공평 □ かつ 동시에, 한편으로는 □ 口にする 입에 담다, 말하다 □ 誇り 자랑 □ 人達 사람들

「この子はとんでもなくガリガリに痩せてるしみっともないね、マリラ。こっちにおいで、さあ、よく見せてちょうだいな。正直言って、こんなにそばかすがあるなんて見た事ないね。髪は赤くて人参みたいだよ！ こっちにおいで、さあ、おいでったら」

アンはそっちに行ったが、レイチェル夫人の予想したのとはちょっと違っていた。あっという間に台所を通り過ぎると、レイチェル夫人の前に立ちはだかった。怒りで顔が真っ赤に染まり、唇はぷるぷると、か細い体も頭の先から爪先に至るまでわなわなと震えていた。

「大っ嫌い」怒りで詰まった声でようやく叫ぶと、足で床をドンと踏み鳴らした。

「大っ嫌い――大っ嫌い――大っ嫌い――」床の音は憎しみを断言する言葉と共に高くなっていった。

"이 아이는 말도 안 되게 깡말라서 보기 흉하네, 마릴라. 이리 와봐, 자, 잘 좀 보여줘. 솔직히 말해서, 이렇게 주근깨가 많은 아이는 본 적이 없어. 머리카락은 빨개서 당근 같잖아! 이리 와봐, 자, 오라니까."

앤은 그쪽으로 갔지만, 레이첼 부인이 예상한 것과는 조금 달랐다. 순식간에 부엌을 지나 레이첼 부인 앞을 막아섰다. 분노로 얼굴이 새빨갛게 물들었고, 입술은 바르르 떨렸으며, 가느다란 몸을 머리끝에서 발끝까지 와들와들 떨고 있었다.

"정말 싫어!" 분노로 막힌 목소리로 간신히 외치며, 발로 바닥을 쿵 하고 울려 찼다.

"정말 싫어――정말 싫어――정말 싫어――" 바닥을 울리는 소리는 증오를 단언하는 말과 함께 점점 커졌다.

- [ ] ガリガリ 바싹 마른 모양, 빼빼 마름 - [ ] ちょうだい ~해줘 - [ ] 正直 정직
- [ ] 人参 당근 - [ ] あっという間 눈 깜짝할 사이에, 순식간에 - [ ] 真っ赤 새빨감
- [ ] 染まる 물들다 - [ ] 唇 입술 - [ ] ぷるぷる 바르르 - [ ] か細い 가냘프다, 연약하다 - [ ] 爪先 발끝 - [ ] わなわな 오들오들, 와들와들 - [ ] 大っ嫌い 아주 싫어함, 대단히 싫음 - [ ] 詰まる 막히다 - [ ] 叫ぶ 외치다 - [ ] ドンと 쿵 하고 (의성어, 무거운 소리) - [ ] 踏み鳴らす (마루 따위를) 발로 쿵쿵 구르다 - [ ] 憎しみ 증오, 마음 - [ ] 断言する 단언하다 - [ ] 共に 함께 - [ ] 高くなる 높아지다

「よくも言ったわね、あたしがガリガリでみっともない？ あたしがそばかすだらけで赤毛？ あんたなんか礼儀知らずよ、失礼よ、この冷血女！」

「アン！」呆れてマリラが叫んだ。

それでもアンはレイチェル夫人に真っ向から対決し続けた。恐れる気配も見せず、頭を高く掲げ、目にはギラギラと炎が燃え立ち、爪が突き刺さるほど両のこぶしを握りしめ、激した怒りのオーラがアンの体から立ち上っていた。

"잘도 그런 말을 하네요, 내가 깡말라서 보기 흉하다고? 내가 주근깨투성이에 빨간 머리라고? 당신이야말로 예의도 모르고 무례해, 이 냉혈한 여자야!"
"앤!" 마릴라는 어이없어 외쳤다.
그런데도 앤은 레이첼 부인에게 정면으로 맞섰다. 두려운 기색도 보이지 않고, 머리를 높이 들고, 눈에는 이글이글 불꽃이 타오르고 있었으며, 손톱이 파고들 정도로 두 주먹을 꽉 쥔 채, 격앙된 분노의 기운이 앤의 몸에서 치솟고 있었다.

- 礼儀知らず 예의를 모르는 것, 또 그 사람 □ 失礼 실례 □ 冷血女 냉혈녀
- 呆れる 어이없어하다, 기가 막히다 □ 真っ向 정면, 한가운데 □ 対決する 대결하다 □ 気配 기색 □ 掲げ 내걸다, 달다 □ ギラギラ 이글이글 □ 炎 불꽃 □ 燃え立つ 활활 타오르다 □ 爪 손톱 □ 突き刺さる 찔리다, 박히다 □ 両 둘, 모두 □ こぶし 주먹 □ 握りしめる 꽉 쥐다 □ 激する 격하다, 격렬해지다 □ オーラ 아우라, 기운 □ 立ち上る 피어오르다, 솟아오르다

「どうしてあたしのことそんな風に言えるのよ？」またもや繰り返した。心の中で轟々と激しい嵐が吹き荒れていた。

「自分が言われたらどんな気がする、デブで不細工で、どうせ想像なんか一度も閃いたことがない、なんて言われたら？

あんたはあたしの心を傷つけた、トマスのおばさんとこの、飲んだくれのおじさんの時よりずっとずっと傷ついた。あんたなんか絶対許さない、絶対、絶対！」

「こんな癇癪持ちは見た事ないわ！」

びっくり仰天したレイチェル夫人が叫んだ。

「アン、部屋に行ってあたしが行くまでおとなしくしてなさい」

かろうじてまともに話せるようになってからマリラは言った。

"어떻게 저를 그런 식으로 말할 수 있는 거죠?" 또다시 되풀이했다. 마음속에는 쾅쾅 울리는 거센 폭풍이 몰아치고 있었다.

"당신이 그런 말을 들으면 어떤 기분이겠어요? 뚱뚱하고 못생겼고, 어차피 상상 따위 한 번도 떠올려본 적 없을 거라는 말을 듣는다면요?

당신은 내 마음을 상처 입혔어. 토머스 아주머니 집의 주정뱅이 아저씨 때보다 훨씬, 훨씬 더 상처받았어. 당신 같은 사람 절대 용서 못 해. 절대, 절대!"

"이런 성질머리 고약한 애는 처음 봤어!"

깜짝 놀란 레이첼 부인이 외쳤다.

"앤, 방으로 가서 내가 갈 때까지 얌전히 있어라."

간신히 제대로 말할 수 있게 된 마릴라가 말했다.

빨간머리 앤　赤毛のアン

□ またもや 다시금, 또다시 □ 繰り返す 반복하다, 되풀이하다 □ 轟々 굉굉(함), 소리가 몹시 요란하게 울리는 모양 □ 吹き荒れる 거세게 몰아치다 □ デブ 뚱뚱이(비하적 표현) □ 不細工 못생김 □ 閃く 번뜩이다, 떠오르다 □ 傷つける 상처입히다 □ 飲んだくれ 술주정뱅이 □ 許す 용서하다 □ 癇癪持ち 신경성질 짜증 □ びっくり仰天 깜짝 놀라다, 경악하다 □ かろうじて 간신히, 겨우 □ まともに 제대로, 똑바로

　盛大に涙をこぼしながら、アンは廊下のドアに突進すると、通りしなにそのドアを思いっきり叩きつけて行ったので、ポーチの外壁にぶら下がったブリキの鈴が、アンに同情してカラカラ鳴った。

「やれやれ、あんなのを躾けるんじゃ、あんたの役目も羨ましいとは言えないね、マリラ」

　レイチェル夫人のいわく言い難いほど重々しい一言だった。

　マリラが口を開いたのは、どんな弁解も言い訳もしようがないと言うためだった。だが口をついて出てきた言葉に自分でも驚いてしまった、その時もあとからも。

「あの子の外見をからかうべきじゃなかったよ、レイチェル」

　앤은 펑펑 울면서 복도 문으로 돌진했고, 지나가는 길에 그 문을 있는 힘껏 쾅 닫고 나갔기 때문에, 현관의 외벽에 매달린 양철 방울이 앤을 동정하듯 딸랑딸랑 울렸.

"어휴, 저런 애를 훈육해야 한다니, 당신 역할도 부럽다고는 못 하겠네, 마릴라."

　레이첼 부인의 말로 표현하기 어려울 정도로 무게감 있는 한마디였다.

　마릴라가 입을 연 것은, 어떤 변명도 핑계도 할 수 없다는 말을 하기 위해서였다. 하지만 입에서 튀어나온 말에, 그 순간에도 나중에도 스스로 놀라고 말았다.

"저 아이의 외모를 놀리지는 말았어야 했어, 레이첼."

□ 盛大に 성대하게, 크게 □ 廊下 복도 □ 突進する 돌진하다 □ 通りしなに 지나가면서, 통과할 때 □ 思いっきり 있는 힘껏, 실컷 □ 叩きつける 세게 내던지다, 쾅 닫다 □ ポーチ 현관 □ 外壁 외벽 □ ブリキ 양철 □ 鈴 방울, 종 □ 同情する 동정하다 □ カラカラ 단단하고 마른 것이 맞부딪치는 소리, 대그락 대그락 □ 羨ましい 부럽다 □ 言い難い 말하기 어렵다 □ 重々しい 무게감 있다, 근엄하다 □ 弁解 변명 □ しようがない 감당할 수 없다, 어쩔 도리가 없다, 할 수 없다 □ 口をついて出る 무의식중에 말이 튀어나오다 □ 外見 외모 □ からかう 놀리다, 조롱하다

「マリラ・カスバート、あんたあの子の肩を持つつもりじゃないだろうね、あんなにひどい癇癪を見せ付けられたばかりだっていうのに？」ご立腹のレイチェル夫人は突っかかってきた。

「そんなつもりはないよ」考えながらマリラが言った。「あの子を弁護するつもりはないよ。確かにとても行儀が悪かったし、後でそのことを言って聞かせなくちゃならないさ。だがね手加減してやろうよ。これまで何が正しいことか躾けられていなかったんだよ。それにあんたはあの子にきつくあたり過ぎたよ、レイチェル」

レイチェル夫人は、プライドを傷つけられたと態度で示しながら、椅子から立ち上がった。

「そう、分かったわ、以後口のきき方にはせいぜい気をつけさせて頂きますよ、マリラ。どこぞの馬の骨に決まってる孤児の気持ちが、何よりお大切らしいからね。

"마릴라 커스버트, 너 그 아이 편드는 거 아니겠지, 저렇게 끔찍한 짜증을 눈앞에서 본 참인데 말이야?" 분노한 레이첼 부인이 따지듯 달려들었다.

"그럴 생각은 없어." 마릴라는 생각하며 말했다. "그 아이를 변호할 생각은 없어. 확실히 매우 버릇없었고, 나중에 그 점에 대해 말해줘야 해. 하지만 말이야, 좀 봐줘야지. 지금까지 뭐가 옳은 일인지 훈육받지 못한 거야. 그리고 너도 저 아이에게 너무 심하게 굴었어, 레이첼."

레이첼 부인은 자존심이 상했다는 태도를 보이며 의자에서 일어섰다.

"그래, 알겠어. 앞으로 말조심하도록 할게요, 마릴라. 어디서 굴러왔는지도 모르는 고아의 감정이 무엇보다도 소중하신 모양이니까.

□ 肩を持つ 편을 들다 □ 癇癪 짜증 □ 見せ付ける 드러내 보이다 □ ばかり (조동사 'た'에 붙어서) 막, 방금 □ ご立腹 화남, 분노 □ 突っかかる 덤비다, 시비를 걸다, 따지다 □ 手加減する 봐주다, 적당히 하다 □ 正しい 옳다, 바르다 □ あたり過ぎる 너무 몰아붙이다, 지나치게 대하다 □ プライド 자존심 □ 態度 태도 □ 以後 이후 □ 口のきき方 (부정적인 의미에서의) 말투, 말씨, 말버릇 □ せいぜい 힘껏, 노력하여 □ 馬の骨 정체불명인 자, 이름 없는 사람 (폄하) □ 大切 소중함, 귀중함

それじゃ、ご機嫌よう、マリラ。いつものように時々遊びに来てくれると嬉しいね。だけどこっちからお邪魔することはしばらくないだろうよ、また鷹みたいに飛びかかられたり、こんな風に侮辱されるんじゃね。初めての良い経験をさせて頂いたわ」
　かくしてレイチェル夫人は身を翻し速やかに退場して行った。
　マリラが部屋に入ると、アンはベッドに突っ伏して、泣きながら人生の苦みを味わっていた。洗いたてのベッドカバーの上に泥だらけのブーツで上がっている事などすっかり忘れて。
「アン」優しくなくもない声で言った。
　返事は返ってこない。
「アン」今度はずっと厳しい。「そのベッドから今すぐ降りなさい、これから言う事を良くお聞き」

　그럼, 잘 있어, 마릴라. 평소처럼 가끔 놀러 와 주면 기쁠 거야. 하지만 이쪽에서 찾아가는 일은 당분간 없겠지. 또 매처럼 달려들거나, 이런 식으로 모욕당할지도 모르니까. 정말 처음으로 좋은 경험을 하게 해줬어.”
　이리하여 레이첼 부인은 몸을 돌려 재빨리 퇴장해 버렸다.
　마릴라가 방에 들어가자, 앤은 침대에 엎드린 채, 울면서 인생의 쓴맛을 맛보고 있었다. 막 세탁한 침대 커버 위에 진흙투성이 부츠를 신고 올라간 것도 완전히 잊은 채.
“앤.” 다정하지 않다고는 할 수 없는 목소리로 말했다.
　대답은 돌아오지 않았다.
“앤.” 이번에는 훨씬 엄격했다. “그 침대에서 지금 당장 내려와. 지금부터 하는 말을 잘 들을거라.”

- 時々 가끔
- 鷹 매
- 侮辱する 모욕하다
- 初め 처음으로
- 身を翻す 몸을 홱 돌리다
- 速やかに 신속하게, 빠르게
- 退場する 퇴장하다
- 突っ伏す 엎드리다
- 苦み 쓴맛, 괴로움
- 味わう 맛보다, 체험하다
- 洗いたて 갓 빤, 이제 막 빤
- ベッドカバー 침대 커버
- 泥だらけ 진흙투성이
- ブーツ 부츠
- 返る 돌아가다, 되돌아가다
- 今度 이번, 다음번

アンはもそもそとベッドを離れ、脇の椅子に座ってじっと動きもしない。泣いた顔は腫れ、涙の跡がはっきり残っていた。目は意固地に床を向いたままだった。

「大したお行儀だね。アン！ あんた、自分で情けなくないの？」

「あんたも怒って暴発したりあんな酷い事を言えた義理じゃないよ、アン。みっともない。みっともないったら無いわ。リンドさんの前では行儀良くして欲しかったね、面目丸潰れじゃないか。どうしてあんなに怒らなきゃならないのか全然分からないよ、リンドさんに赤毛でみっともないって言われたからって。自分でよく言ってるだろ」

앤은 느릿느릿 침대를 떠나 옆 의자에 앉아 꼼짝도 하지 않았다. 울었던 얼굴은 부어 있었고, 눈물 자국이 선명하게 남아 있었다. 눈은 고집스럽게 바닥만 응시한 채였다.

"훌륭한 예절이구나. 앤! 너, 스스로 한심하지 않니?"

"너도 화내서 폭발하고 그런 심한 말을 해댈 처지는 아니야, 앤. 보기 흉했어. 이보다 더 창피할 수가 없어. 린드 씨 앞에서는 예의 바르게 행동해 줬으면 했어, 체면이 완전히 구겨졌잖니. 왜 그렇게까지 화를 내야 했는지 전혀 이해가 안 간다. 린드 씨한테 빨간 머리에 보기 흉하다고 들었다고 해서. 그건 자신도 잘 말하는 거잖니."

□ もそもそ 느릿느릿, 꾸물꾸물 □ 離れる 떨어지다, 물러나다 □ 腫れる 붓다 □ 跡 자국, 흔적 □ 意固地 고집스러움, 완고함 □ 情けない 한심하다, 부끄럽다 □ 暴発 폭발 □ 義理 의리, 사람의 도리 □ 面目 체면 □ 丸潰れ 완전히 부서짐

「言ってるけど、まるっきり違うわよ、自分で自分のことを言うのと、人が言うのを聞かされるんじゃ」アンは心の傷を激白した。「本当はそうなんだろうって分かってる、だけど他の人にはそれほどでも無いよって思って欲しいじゃない、そういうものよ。ちょっとは自分がどんな気持ちになるか想像してみてよ、誰かが自分の目の前で、あんたはガリガリに痩せてるとかみっともないって言うのよ」アンが目に涙を溜めて泣き落としにかかった。

遠い記憶の古傷が突如としてマリラの前に再現された。まだ幼かった頃、叔母の一人がもう一人に向かってこう言っていた。「まあ可哀想、このおちびちゃんときたら、色は黒いしみっともないこと」あの記憶の刺が消え去るまで、マリラはこの五十年の歳月を必要としたのだった。

"말하긴 하지만, 완전히 달라요. 자기가 자기 얘기하는 거랑 남이 말하는 걸 듣는 건 다르니까." 앤은 마음의 상처를 토로했다.

"사실 그렇다는 건 알아요. 그래도 다른 사람들한테 그 정도까진 아니라는 생각을 해줬으면 하잖아요. 그런 거예요. 조금이라도 상상해 보세요. 누가 아주머니 앞에서 너는 뼈만 앙상하게 말랐다던가 보기 흉하다고 말하는 거예요." 앤은 눈에 눈물을 가득 담고 울면서 호소했다.

아득한 기억 속의 오래된 상처가 불현듯 마릴라 앞에 되살아났다. 어렸을 적, 이모 중 한 명이 다른 이모에게 이렇게 말했었다. "어머 불쌍해라, 이 조그만 아이 좀 봐. 피부는 까맣고 보기 흉하네." 그 기억의 가시가 사라지기까지 마릴라에게 무려 50년의 세월이 필요했다.

빨간머리 앤 赤毛のアン

□ まるっきり 완전히, 전혀　□ 激白する 솔직하게 털어놓다, 고백하다　□ 溜める 모으다, 막아 담아 두다　□ 泣き落とし 눈물로 애원해서 승낙을 얻음　□ 遠い 먼, 아득한　□ 古傷 오래된 상처　□ 突如として 불현듯, 갑자기　□ 再現する 재현하다　□ 幼い 어리다, 미숙하다　□ おちびちゃん (귀엽게 말할 때) 꼬마, 작은 아이　□ 刺 가시　□ 歳月 세월, 긴 시간

「リンドさんがあんな風に言って良いとはあたしも思わないよ、アン」マリラは認めた。一歩譲って柔らかい口調である。

「レイチェルは言いたい放題言い過ぎるからね。だからと言って、あんたの方でも酷い行儀で構わない、なんてことにはならないんだよ。あの人はあんたに初めて会ったんだし、年配であたしのお客だったんだから。この三つだけでも充分、あんたが丁重でなきゃいけない理由になるよ。あんたは確かに礼儀知らずで生意気だったし、そうだ」

——アンの罰にぴったりの妙案がマリラの頭に浮かんだ——

「あんたレイチェルの所に行って、癇癪を起こして済みませんでしたって謝ってきなさい」

"린드 씨가 그런 식으로 말해도 된다고 나는 생각하지 않아, 앤." 마릴라는 인정했다. 한 걸음 물러서서 부드러운 어조였다.

"레이첼은 하고 싶은 말을 너무 막하는 편이야. 그렇다고 해서 너도 형편없는 태도를 보여도 괜찮다는 건 아니란다. 그분은 너와 처음 만났고, 연배도 있으시고, 내 손님이었어. 이 세 가지만으로도 네가 정중하게 해야 했을 이유로 충분해. 넌 확실히 예의 없고 건방졌어, 그래."

— 앤에게 딱 맞는 벌이 마릴라의 머릿속에 떠올랐다 —

"너, 레이첼 아주머니 댁에 가서 짜증을 부려서 죄송하다고 사과하고 와."

- □ 認める 인정하다 □ -放題 마음껏 함, 제멋대로 함 □ 年配 연배 □ 丁重 정중 □ 罰 벌 □ 妙案 묘안 □ 浮かぶ 떠오르다 □ 済みません 죄송합니다 □ 謝る 사죄하다, 사과하다

「謝りに行きますって言わない限り、ここに居て部屋を出ちゃだめだよ」

「じゃ、あたしは永遠にここにいる事になるのね」と悲しみに沈むアン。

「だって、リンドさんにあんなこと言って済みませんでした、なんて言えるわけないもの。どうして言えるのよ？ あたしは何も済まないことしてないのに」

「一晩あげるから、あんたの行いについてじっくり考えてみるんだね、そしたら考え方も変わるさ。グリーン・ゲイブルズに置いてくれるなら、良い子になるよう努力しますって言ってたけど、今晩はそんなに努力してるように思えないよ」

"사과하러 가겠다고 말하지 않는 한, 여기 있어야 하고 방을 나가선 안 된다."

"그럼, 난 영원히 여기 있어야겠네요." 앤은 슬픔에 잠겨 말했다.

"왜냐하면, 린드 아주머니께 그런 말을 해서 죄송했습니다 따윈 난 절대 못 해요. 어떻게 말하겠어요? 난 잘못한 게 아무것도 없는데."

"하룻밤 시간을 줄 테니, 네 행동에 대해 곰곰이 생각해 보렴. 그러면 생각도 좀 달라질 거야. 초록 지붕 집에 있게 해준다면 착한 아이가 되도록 노력하겠다고 했었는데, 오늘 밤은 그렇게 노력하는 것 같지 않구나."

□ **永遠** 영원   □ **沈む** 잠기다   □ **行い** 행실, 행동   □ **じっくり** 곰곰이, 차분하게

パルティアの騎兵が射たような捨て台詞の矢は、アンの未だ嵐が荒れ狂う胸に突き刺さった。マリラは台所に下りてきたが、理性は酷く苦悩し、魂は悩みを抱えていた。アンにも腹が立ったが、自分自身についても腹が立った。なぜなら、レイチェル夫人の空いた口が塞がらないほど驚いた顔つきを思い出すと、可笑しくて唇がぴくぴくしたし、不届き千万にも笑いたいという欲求を感じずにはいられなかったからである。

　파르티아 기병이 쏜 화살 같은 마지막 말은, 아직도 감정의 폭풍이 휘몰아치는 앤의 가슴에 깊숙이 꽂혔다. 마릴라는 부엌으로 내려왔지만, 이성은 몹시 괴롭고, 영혼은 고민으로 가득 차 있었다. 앤에게도 화가 났지만, 자기 자신에게도 화가 났다. 왜냐하면 레이첼 부인의 입이 다물어지지 않을 정도로 놀란 표정을 떠올릴 때마다 웃음이 나와 입술이 실룩거렸고, 못된 짓임을 알면서도 웃고 싶은 욕구를 느끼지 않을 수 없었기 때문이다.

빨간머리 앤　赤毛のアン

- □ パルティア 파르티아 (고대 국가) □ 騎兵 기병 □ 射る 쏘다 □ 捨て台詞 (떠나며 남기는) 마지막 말, 막말 □ 矢 화살 □ 荒れ狂う 거칠게 날뛰다, 격렬히 소용돌이치다 □ 胸 가슴 □ 悩み 고민 □ 腹が立つ 화가 나다 □ 自分自身 자기 자신 □ 空く 비다, 공간이 생기다 □ 塞がる 막히다, 메다 □ 可笑しい 우습다. 이상하다 □ ぴくぴくする 씰룩거리다 □ 不届き千万 괘씸함, 못됨 □ 欲求 욕구

第8章 アンの申し訳(もうわけ)

　マリラはその晩、この一件についてマシューに口を閉ざしていた。しかし、翌朝になってもアンがまだ折れずに頑張っているので、食事の席にいない理由を話さざるを得(え)なくなった。

　アンは窓辺の黄色い椅子に座り、悲しみに沈んだ眼差(まなざ)しでじっと庭を見入っていた。いつもより一回(ひとまわ)り小さく、不幸(ふしあわ)せに見えた。マシューの心がずきっと痛んだ。ドアを静かに閉めると、マシューはアンの方へと爪先立(つまさきだ)ちで近寄(ちかよ)った。

　「アン」小さな声で言った。誰かが立(た)ち聞(ぎ)きしているみたいに。
　「具合(ぐあい)はどうだい、アン？」アンは弱々(よわよわ)しく笑顔(えがお)を見せた。

8장 앤의 사과

　마릴라는 그날 밤, 이 일에 관해 매튜에게는 입을 다물고 있었다. 그러나 다음 날 아침이 되어도 앤이 여전히 고집을 꺾지 않고 버티고 있었기 때문에, 식사 자리에 나오지 않은 이유를 말하지 않을 수 없었다.

　앤은 창가에 놓인 노란 의자에 앉아, 슬픔에 잠긴 눈빛으로 가만히 정원을 바라보고 있었다. 평소보다 한층 더 작고, 불행해 보였다. 매튜의 마음이 쿡 하고 아려왔다. 문을 조용히 닫고, 매튜는 발끝으로 살금살금 앤에게 다가갔다.

　"앤." 마치 누군가가 엿듣고 있는 것처럼 작은 목소리로 말했다.
　"몸 상태는 어떠니, 앤?" 앤은 힘없이 미소를 지어 보였다.

- ☐ 申し訳 사과, 변명, 해명 ☐ -ざるを得ない ~하지 않을 수 없다, 해야 한다
- ☐ 眼差し 눈빛, 시선 ☐ 一回り 두 팔로 껴안을 정도의 두께, 한 아름 ☐ 不幸せ 불행, 불운 ☐ ずきっと 쿡, 콕 (감정이나 통증의 강한 느낌을 묘사) ☐ 爪先立ち 발끝으로 섬, 살금살금 걸음 ☐ 近寄る 다가가다 ☐ 立ち聞き 엿듣기 ☐ 具合 몸 상태, 기분 ☐ 弱々しい 연약하다, 약하디약하다

「大丈夫。いろんなことを想像してると気が紛れるのよ。やっぱり少し寂しいかな。でも、こんな事にも慣れなくちゃ」

アンはまた笑みを浮かべ、これから続くであろう孤独な投獄の日々に勇敢に立ち向かう覚悟を見せた。

マシューは何を話しに来たのか思い出した。ぐずぐずしている時間はないな、マリラが早く戻らないとも限らないし。

「うむ、そうだな、アン、さっさとやって済ませたらどうかな？」そう小声で囁いた。

「いずれ遅かれ早かれしなくちゃいけない事だしな、マリラはこうと決めたら梃子でも動かん女だから、アン。今すぐやってだな、済ますんだよ」

"괜찮아요. 이런저런 상상을 하면 마음이 달래져요. 역시 조금 외롭긴 해요. 하지만 이런 일에도 익숙해져야겠죠."

앤은 다시 미소를 지으며 앞으로 이어질 외로운 투옥 같은 나날에 용감하게 맞설 각오를 보였다. 매튜는 자기가 무엇을 말하러 왔는지 떠올렸다. 꾸물거릴 시간이 없다, 마릴라가 금방 돌아올 수도 있었기 때문이다.

"음, 그래, 앤, 얼른 해버리고 끝내는 게 어때?" 작은 목소리로 속삭였다.

"어차피 늦든 빠르든 해야 할 일이잖니. 마릴라는 한 번 이렇게 하겠다고 정하면, 지렛대로도 꿈쩍 안 하는 여자거든, 앤. 지금 당장 해치우고 끝내는 거야."

- □ 気が紛れる 기분이 전환되다, 마음이 달래지다 □ 笑み 미소 □ 孤独 고독
- □ 投獄 투옥, 감금 □ 日々 날들, 매일 □ 勇敢 용감함 □ 立ち向かう 맞서다, 대응하다 □ 覚悟 각오 □ ぐずぐずする 꾸물거리다, 망설이다 □ とは限らない ~라고는 할 수 없다 □ 小声 작은 목소리, 속삭임 □ いずれ 어차피 □ 梃子でも動かない 지렛대로도 움직이지 않다, 완고하다, 전혀 움직이지 않다

「リンドさんに謝るってこと？」

「そうだよ、謝る、正にそれだな」マシューが張り切ってアンを後押しした。

「言ってみればあんまり角が立たんようにするんだよ。そう言うつもりだったんだ」

「マシューがそうして欲しいって言うなら、できるかもしれない」考えながらアンが言った。

「あたしが悪かったと言ってもそんなに間違いじゃないわ、だって今ではあたし悪かったと思ってるんだもの。

夕べはちっとも悪いと思わなかったのよ。ほんとに頭に来てたの、一晩中ずっと怒ってたんだから。夜中に三回起きたけど、三回とも猛烈に怒ってたから確かよ。

"린드 아주머니께 사과하라는 거예요?"
"그래, 사과하는 거, 바로 그거야." 매튜가 의욕적으로 앤을 격려했다.
"말하자면 너무 모나지 않게 하자는 거지. 그렇게 말하려던 거였어."
"매튜 아저씨가 그렇게 하길 바란다고 말하신다면, 할 수 있을지도 몰라요." 앤이 생각하며 말했다.
"내가 잘못했다고 말해도 그렇게 틀린 말은 아니에요, 왜냐하면 지금은 내가 잘못했다고 생각하니까요.

어젯밤엔 조금도 내가 잘못했다고 생각하지 않았어요. 정말 화가 났거든요, 밤새도록 계속 화가 나 있었어요. 밤중에 세 번 깼는데, 세 번 다 맹렬하게 화가 나 있었으니까 확실해요.

□ 正に 바로, 정말로 □ 張り切る 기운을 내다, 들떠 있다 □ 後押しする 등을 밀어주다, 격려하다 □ 角が立つ 각이 서다, 관계가 껄끄러워지다, 모나게 굴다 □ 夕べ 저녁때 □ 頭に来る 화가나다 □ 猛烈に 맹렬하게

でも今朝起きたら収まってた。癇癪なんかどこにもないの。すっかり終わってしまったみたいな感じしか残ってないのよ。今度はすごく恥ずかしくなってたの。

でもリンドさんにそう言いに行くなんて考えられない。きっとすごく屈辱的よ。そんなことするくらいなら、ここに永遠に閉じこもっていようって決めたの。それでもマシューのためだったら何でもできるから。もし本当にそうして欲しいなら」

「うむ、そうだな、もちろんそうして欲しいよ。アンがいないと下はひどく物寂しくてな。ちょっと行って来て、角が立たないようにするんだよ。そうだ、良い子だ」

그런데 오늘 아침에 일어나 보니 진정돼 있었어요. 성질 같은 건 어디에도 없었고요. 완전히 끝나버린 것 같은 느낌만 남아 있었어요. 이번엔 너무 창피해졌어요.

하지만 린드 아주머니께 그렇게 말하러 간다는 건 생각할 수 없어요. 분명 엄청나게 치욕스러울 거야. 그런 걸 하느니, 여기 영원히 틀어박혀 있기로 마음먹었어요. 그래도 매튜 아저씨를 위해서라면 뭐든지 할 수 있으니까. 정말 그렇게 해주길 바란다면요."

"음, 그래, 물론 그렇게 해줬으면 좋겠구나. 앤이 없으면 아래층이 너무 쓸쓸하단다. 잠깐 다녀와, 모나지 않게 하렴. 그래, 착하지."

빨간머리 앤 赤毛のアン

□ 今朝 오늘 아침 □ 収まる 수습되다, 원만해지다 □ 屈辱的 굴욕적 □ 物寂しい 매우 쓸쓸하다, 적막하다

「良く分かったわ」アンは忍び難きを忍ぶことにした。

「今度マリラが来たら、悔い改めましたって言うことにする」

「それが良い。それが良いよ、アン。だがマリラにこの事を言うんじゃないよ。わしが口を出したって思うだろうし、口は出さない約束でな」

マシューはもう部屋を出てしまい、首尾良くいったがここでみつかりはしないかと、ビクビクものだった。馬小屋の一番隅にそそくさと逃げかえって、上で何をしていたのかとマリラに疑われないように、素知らぬ顔を決め込んでいた。

マリラは、家に帰ったところで、階段の手すり越しに「マリラ」と呼ぶ悲しげな予想外の声に迎えられた。ようやく謝る気になったらしい。

"잘 알았어요." 앤은 참기 어려운 것을 참기로 했다.

"이번에 마릴라가 오면, 뉘우쳤다고 말하기로 할게요."

"그게 좋아. 그게 좋다, 앤. 하지만 마릴라에게 이 일을 말해선 안 돼. 내가 참견했다고 생각할 테니까, 끼어들지 않기로 약속했거든."

매튜는 이미 방을 나가버렸고, 일이 잘 되긴 했지만, 여기서 들키지는 않을까 싶어 조마조마했다. 마구간의 가장 구석으로 허둥지둥 도망치듯 돌아가서는, 위층에서 무엇을 하고 있었는지 마릴라에게 의심받지 않도록 시치미 떼는 얼굴을 하고 있었다.

마릴라가 집에 돌아오자, 계단 난간 너머로 "마릴라" 하고 부르는 애처로운 뜻밖의 목소리가 그녀를 맞이했다. 드디어 사과할 마음이 든 모양이다.

□ 忍び難い 참을 수 없다, 견딜 수 없다 □ 忍ぶ 참다, 인내하다 □ 悔い改める 뉘우치다, 회개하다 □ 口を出す 말참견하다, 끼어들다 □ 首尾良く 순조롭게, 잘 □ みつかる 발견되다, 들키다, 발각되다 □ ビクビク 조마조마하다, 벌벌 떨다 □ 馬小屋 마구간 □ 隅 구석 □ そそくさ 총총히, 허둥지둥 □ 逃げかえる 도망치듯 돌아가다 □ 素知らぬ顔 시치미 떼는 얼굴 □ 決め込む (혼자서 정하여) 그런 줄로 믿다, 의도적으로 그렇게 하다 □ 手すり 난간, 층계 다리 등의 가장자리에 일정한 높이로 막아 세우는 구조물

「それで？」玄関に歩いて来ながらそう言った。

「ごめんなさい、癇癪起こして不作法なことを言ってしまいました。リンドさんにもそう言います」

「結構だね」マリラはそっけない言い方をして、実はホッとしたのを隠した。もしアンが折れなかったらいったいどうしようかと思っていたのだ。

「牛の乳搾りの後であんたを連れていくよ」

そんなわけで、乳搾りの後にマリラとアンが小径を連れ立って歩く様が見受けられた。前者は意気揚々と勝利を誇り、後者は意気消沈し落胆の極みであった。だがしかし、小径を半ば下ったところで、アンの落胆は魔法の力を使ったかのように消えうせた。

"왜 그러니?" 현관 쪽으로 걸어오면서 그렇게 말했다.

"죄송해요, 화를 내고 버릇없는 말을 해버렸어요. 린드 아주머니께도 그렇게 말할게요."

"그렇게 해." 마릴라는 퉁명스럽게 말하며 사실은 안도한 마음을 감췄다. 만약 앤이 물러서지 않았다면 대체 어쩌면 좋을까 하고 생각하고 있었다.

"소젖 짜고 나서 너를 데려가마."

그리하여, 젖을 짠 뒤 마릴라와 앤이 오솔길을 나란히 걷는 모습이 목격되었다. 앞에 선 이는 의기양양하게 승리를 자랑했고, 뒤따른 이는 의기소침하고 낙담의 극치였다. 하지만, 오솔길을 절반쯤 내려갔을 무렵, 앤의 낙담은 마법의 힘을 쓴 것처럼 사라졌다.

□ 結構だ 좋다, 만족스럽다 □ ホッとする 안심하다 □ 隠す 감추다, 숨기다 □ 連れ立つ 같이 가다, 동행하다 □ 様 모양, 형태 □ 見受ける 보고 판단하다, 눈에 띄다 □ 前者 전자 □ 意気揚々 의기 양양 □ 勝利 승리 □ 後者 후자 □ 意気消沈 의기소침 □ 落胆 실망함, 낙담 □ 極み 극치, 극도 □ 半ば 절반, 중간 □ 下る 내려가다 □ 消えうせる 완전히 사라지다, 자취를 감추다

顔を上げて足取りも軽く、夕焼け空を見つめながら、ご機嫌なのを無理やり抑えているようだった。マリラはその変わりようを何やら怪しげに物見していた。この子は大人しい悔悛者なんかじゃないね、ご立腹のリンドさんと対面するに相応しいとは到底言いかねるよ。

「あんた何を考えてるんだい、アン？」質問する言葉が刺々しい。

「リンドさんに言わなきゃいけないことを想像してるのよ」夢見るアンが答えた。

申し分ない模範回答である。いや、当然そうでなくてはならない。しかしマリラは、アンを罰するという自分の計画が崩れかかっているのでは、という疑念を払拭することができなかった。今のアンは、こんなに夢心地で嬉しそうな様子になるはずが無いのに。

고개를 들고 발걸음도 가볍게, 저녁 노을이 진 하늘을 바라보며 기분 좋은 것을 억지로 억누르고 있는 듯했다. 마릴라는 그런 변화된 모습을 어딘가 수상하다는 듯 바라보고 있었다. 이 아이는 순순히 뉘우친 회개자 같은 건 아니야, 화난 린드 씨를 마주하기에 걸맞다고는 도저히 말할 수 없겠어.

"너 무슨 생각하는 거니, 앤?" 질문하는 말에 가시가 있었다.

"린드 아주머니께 해야 할 말을 상상하고 있었어요." 몽상에 잠긴 앤이 대답했다.

나무랄 데 없는 모범 답변이었다. 아니, 당연히 그래야만 했다. 하지만 마릴라는, 앤을 벌주려던 자기 계획이 흔들리고 있는 건 아닐까 하는 의심을 떨쳐낼 수 없었다. 지금의 앤이 이렇게 꿈꾸는 듯 기쁜 모습일 리가 없는데 말이다.

빨간머리 앤 赤毛のアン

□ 足取り 발걸음 □ 軽い 가볍다 □ 夕焼け 저녁노을 □ ご機嫌 기분, 상태의 높임말, 아주 기분이 좋은 모양 □ 無理やり 억지로, 무리하게 □ 変わり 다름, 변함 □ 何やら 무엇인지, 왠지 □ 怪しげに 수상한, 미덥잖은 모양 □ 物見する 관찰하다, 지켜보다 □ 大人しい 온순하다, 얌전하다 □ 悔悛者 회개자 □ 立腹 화남, 분개함 □ 対面する 대면하다 □ 相応しい 어울리다, 걸맞다 □ 到底 도저히 □ 刺々しい 신경질적이다, 날카롭다 □ 答える 응답하다 □ 申し分ない 흠잡을 데 없다, 나무랄 데 없다 □ 模範 모범 □ 回答 대답 □ 罰する 벌하다 □ 計画 계획 □ 崩れる 무너지다, 붕괴되다 □ 疑念 의심, 의혹 □ 払拭する (의혹 등을) 불식하다, 씻어버리다 □ 夢心地 꿈꾸는 듯한 기분

夢心地で嬉しそうなアンの様子は、台所の窓辺に座って編み物をしていたリンド夫人の目前に二人が来るまでそのままだった。とその時、嬉しそうなアンは消え失せた。立ち振る舞い全てに渡って、悲嘆に暮れた悔悛者である者が現れた。アンは一言も言わず、びっくりしているレイチェル夫人の前に不意にひざまずき、嘆願するかのように両手を夫人に向けて差しのべた。

　「ああ、リンドさん、あたしが悪うございました」声が震えている。

　「それはもう言葉では言い尽くせないくらい後悔しています、辞書にある言葉を全部使っても言い表せません」

　꿈꾸는 듯 기뻐 보이던 앤의 모습은, 부엌 창가에 앉아 뜨개질하고 있던 린드 부인 앞에 두 사람이 올 때까지 그대로였다. 그러던 그 순간, 기뻐하던 앤은 자취를 감췄다. 행동 전부에 걸쳐 비탄에 잠긴 참회자가 나타났다. 앤은 한마디도 하지 않고, 놀란 레이첼 부인 앞에 불쑥 무릎을 꿇고, 탄원하듯 두 손을 부인 쪽으로 내밀었다.

　"아, 린드 아주머니, 제가 잘못했습니다." 목소리가 떨리고 있었다.

　"그건 정말 말로 다할 수 없을 정도로 후회하고 있어요. 사전에 있는 말을 전부 다 써도 표현할 수 없을 거예요."

□ 目前 눈앞, 코앞 □ 消え失せる 사라지다, 자취를 감추다 □ 立ち振る舞い 몸짓, 행동 □ 渡る 건너다, 걸치다 □ 悲嘆 비탄 □ 暮れる 잠기다 □ 悔悛者 참회자 □ びっくり 깜짝 놀람 □ 嘆願 탄원 □ 差しのべる (손을) 내밀다 □ 悪うございました 잘못했어요, '잘못했어요(悪かったです)'의 옛 표현 □ 言い尽くせない 이루 다 말할 수 없다 □ 後悔 후회 □ 辞書 사전 □ 言い表す 말로 나타내다, 표현하다

「どんなに無理があるかは、想像してくださらなくては。あたしはおばさんに大変不躾なことをしてしまいました。その上、あたしを助けてくれた立派なマシューとマリラに、大変恥をかかせてしまいました、男の子でないにもかかわらず、あたしをグリーン・ゲイブルズに置いてくれたというのに。

　もし許してもらえなければ、あたしは生涯悲しみに暮れることになります。一人の孤児に生涯悲しみを負わせるなんて望んだりしないでしょう、たとえその子が癇癪持ちだとしても？　ああ、そうしないと信じています。どうかあたしを許すと言って下さい、リンドさん」アンは両手を組んで頭を垂れ、裁きの言葉を待ち受けた。

　この子が誠意をもって謝ったのは間違いがなかった。それは言葉の端々に響き渡っていた。

"얼마나 말이 안 되는지 상상해 주시지 않으면 안 돼요. 저는 부인께 정말 무례하게 굴었어요. 게다가 저를 도와준 훌륭한 매튜와 마릴라에게 큰 망신을 안겨드렸죠. 남자 아이가 아님에도 불구하고 저를 초록 지붕 집에 머물게 해주셨는데도요.

　만약 용서받지 못한다면, 저는 평생 슬픔 속에서 살아가게 될 거예요. 고아 하나가 평생의 슬픔을 짊어지길 바라시지는 않겠죠, 비록 그 아이가 성질이 좀 있다고 해도요? 아, 그러시지 않을 거라고 믿어요. 부디 저를 용서한다고 말씀해 주세요, 린드 아주머니." 앤은 두 손을 모으고 고개를 숙인 채, 심판의 말을 기다렸다.

　이 아이가 진심으로 사과했다는 것은 틀림없었다. 그건 말 한마디 한마디에서 울려 퍼졌다.

빨간머리 앤　赤毛のアン

□ 無理がある 무리가 있다, 이해하기 어렵다　□ 大変 대단함, 몹시　□ 不躾 무례한, 버릇없는　□ 恥をかかせる 망신을 주다, 수치를 안기다　□ ~にもかかわらず ~에도 불구하고　□ 生涯 평생, 일생　□ 負う 짊어지다, 떠맡다　□ 信じる 믿다　□ 頭を垂れる 머리를 숙이다　□ 裁き 심판, 판단　□ 誠意 성의　□ 言葉の端々 말 한마디 한마디　□ 響き渡る 울려 퍼지다, 깊이 전해지다

マリラもリンド夫人も間違いなくその響きを聞き取れたのだった。しかし、マリラはアンが実は屈辱の谷底を楽しんでいるのが分かって愕然としていた。アンは完膚無きまでにヘリくだる満足に浸っていたのだ。

　善きリンド夫人はそこまで深読みするような煩わしさとは無縁だったので、そんなこととは分からず仕舞いであった。夫人はアンが極めて徹底して謝ったことだけを理解したので、このご夫人の思いやり深い、時にはお節介焼きな心から、憤りは全て消え去ったのだった。

「ほらほら、立って、さあ」心からそう言うのだった。

「もちろん許しますとも。本当かどうかはともかく、あたしはあんたにきつく言い過ぎたかもしれないね」

　마릴라와 린드 부인도 그 울림을 분명히 알아들을 수 있었다. 하지만 마릴라는 앤이 사실은 굴욕의 나락을 즐기고 있다는 걸 깨닫고 깜짝 놀랐다. 앤은 철저히 자신을 낮추는 데서 오는 만족감에 흠뻑 젖어 있었다.
　선량한 린드 부인은 그런 깊이 있는 해석과 같은 번거로움과는 거리가 먼 사람이었기에 알아차리지 못하고 끝났다. 부인은 그저 앤이 지극히 철저하게 사과했다는 것만을 이해했기 때문에, 부인의 정 많고 때로는 오지랖 넓은 마음에서 분노는 완전히 사라졌다.
"자자, 일어나렴, 어서." 린드 부인은 진심으로 그렇게 말했다.
"물론 용서하지. 진심인지 아닌지는 차치하고, 내가 너한테 너무 심하게 말했는지도 모르겠구나."

□ 響き 울림, 반향 □ 聞き取る 알아듣다, 이해하다 □ 谷底 골짜기 밑바닥, 나락 □ 愕然とする 아연, 깜짝 놀라는 모양 □ 完膚無きまで 철저히 □ へりくだる 자신을 낮추다, 겸손해지다 □ 深読みする 문장 따위의 뜻을 깊이 생각함 □ 煩わしい 번거롭다, 귀찮다 □ 無縁 인연이 없음 □ 仕舞い 결국 안 하고 맒, 끝냄 □ 極め 궁구, 최대한의 노력 □ 思いやり 헤아림, 배려 □ お節介焼き 오지랖 넓은 사람 □ 憤り 분노

「まあ何だね、あたしはずけずけ言う質でね。あたしの言うことをいちいち気に病んじゃだめだよ、全く。あんたの髪が真っ赤なのは言い逃れできないが、ある女の子を知ってたんだけど、実は一緒に学校に通った子でね。

　その子の髪はあんたみたいに、どこもかしこも赤かったんだよ、子供のうちはそうだったんだけど、大人になったら色が濃くなって、本当に格好良いとび色になったんだよ。もしあんたがそうなってもちっとも驚かないよ、ちっともね」

「ああ、リンドさん！」アンは立ち上がると、大きく息を吸い込み、「おばさんは希望を与えてくれたわ。これからずっと、おばさんはあたしの恩人よ。ああ、これで何でも耐えられるようになったわ、大きくなったらあたしの髪は格好良いとび色になるんだって思えば良いんだもの」

"뭐랄까, 나는 거침없이 말하는 성격이라서 말이지. 내가 하는 말을 하나하나 신경 쓰지 마렴, 정말로. 네 머리카락이 새빨간 건 변명의 여지가 없지만, 어떤 여자애를 알았었는데, 사실 나랑 같은 학교에 다녔던 애였지.

　그 아이도 너처럼 머리카락이 온통 새빨갰단다. 어릴 때는 그랬는데, 어른이 되니까 색이 짙어지면서 정말 멋진 밤색이 되었어. 만약 네 머리도 그렇게 된다 해도 전혀 놀라지 않을 거야. 정말이지, 조금도 말이야."

"아, 린드 아주머니!" 앤은 자리에서 일어나 크게 숨을 들이마시고, "아주머니는 제게 희망을 주셨어요. 이제부터 쭉, 아주머니는 제 은인이에요. 아, 이걸로 뭐든 견딜 수 있게 되었어요, 커서 내 머리카락이 멋진 밤색이 된다고 생각하면 되는 거잖아요."

□ ずけずけ 거침없이 □ 質 성질, 기질 □ 気に病む 마음에 병이 되도록 신경 쓰다 □ 言い逃れ 변명을 통한 발뺌, 또 그 말 □ どこもかしこも 여기도 저기도 □ 濃い 짙다 □ 格好良い 멋있다, 잘 생기다 □ とび色 밤색, 다갈색 (짙은 갈색) □ 与える 주다, 상대가 뭔가 할 수 있도록 해 주다 □ 恩人 은인

「格好良いとび色の髪なら、良い子になるのもきっと簡単よ、そう思わない？ おばさんとマリラがお話してる間、庭に出てリンゴの木の下のベンチに腰掛けていて良い？ あそこならずっと想像を広げられるわ」

「良いわよ、行っといで。花を摘みたいなら、向こうの角の水仙を花束を作れるくらい摘んでも良いよ」

アンが後ろ手にドアを閉めると、リンド夫人はランプを点けるために元気よく立ち上がった。

「あの子は本当に変な子だね。確かに変な子ではあるんだが、あの子はどこか人の気を引く所があるんだろうね、そう思うよ。あんたとマシューがあの子を手元に置くことにしたのも驚くことじゃないね、こないだは違ったけどさ、もう、お気の毒とも思わないよ」

"멋진 밤색 머리카락이라면, 착한 아이가 되는 것도 분명 간단할 거예요, 그렇게 생각하지 않으세요? 아주머니랑 마릴라가 이야기하시는 동안, 정원에 나가서 사과나무 아래 벤치에 앉아 있어도 될까요? 거기라면 계속해서 상상의 나래를 펼칠 수 있거든요."

"좋고말고, 가려무나. 꽃을 꺾고 싶으면, 저쪽 모퉁이에 핀 수선화는 꽃다발을 만들 만큼 따도 괜찮단다."

앤이 뒤로 문을 닫자, 린드 부인은 램프를 켜기 위해 기운차게 일어섰다.

"저 애는 정말 별난 아이야. 분명 별난 아이이긴 한데, 저 아이에게는 어딘가 사람의 마음을 끄는 데가 있는 거 같아, 그렇게 생각해. 너랑 매튜가 저 애를 곁에 두기로 한 것도 놀랄 일은 아니야. 지난번에는 달랐지만 말이야, 이제는 딱하다고도 생각하지 않아."

빨간머리 앤 赤毛のアン

□ 簡単 간단 □ ベンチ 벤치 □ 花を摘む 꽃을 따다 □ 水仙 수선화 □ 花束 꽃다발 □ 後ろ手 뒤쪽 □ ランプ 램프, 등불 □ 点ける (불을) 켜다 □ 変だ 이상하다, 별나다 □ 人の気を引く 사람의 관심을 끌다 □ 手元 손이 미치는 범위, 바로 옆, 주변 □ こないだ 요전, 지난번

「良い子になりそうじゃないか。もちろん、妙な話し方をするけど、押し付けがましいという感じだがね。まあしかし、それも追々直るだろうよ、ちゃんとした人の間で暮らすようになるわけだからね。ぶっちゃけて言うとね、マリラ、好きな子と言っていいね」

マリラが帰宅するのに合わせて、アンが芳しい黄昏の果樹園から白水仙の花束を両手に抱えて戻ってきた。「あたし結構上手く謝れたでしょう？」小径を家に向かいながら自慢そうに言った。

「どうせやらなきゃいけないなら、徹底的な方が良いと思ったのよ」

「確かに徹底的だったよ、必要以上だね」これがマリラのコメントだった。思い出すと笑いたくなって、マリラは自己嫌悪するのだった。

"착한 아이가 될 것 같아. 물론, 별난 말투를 쓰긴 하지만, 강요하는 듯한 느낌이랄까. 뭐, 그래도 그건 차차 고쳐지겠지. 제대로 된 사람들 사이에서 살게 될 테니까. 솔직히 말해서, 마릴라, 난 저 애가 마음에 들어."

마릴라가 집에 돌아올 때 맞춰, 앤은 향기로운 황혼의 과수원에서 흰 수선화 꽃다발을 두 손에 안고 돌아왔다. "저, 꽤 멋지게 사과했지요?" 앤은 집으로 향하는 오솔길에서 자랑스럽게 말했다.

"어차피 해야 하는 거라면, 철저하게 하는 편이 낫다고 생각했거든요."

"확실히 철저하긴 했지, 필요 이상이었어." 이게 마릴라의 논평이었다. 떠올리면 웃고 싶어져서 마릴라는 자기혐오를 하는 것이었다.

□ 話し方 말하는 방식 □ 押しつけ 밀어붙임, 강요, 강압 □ -がましい (명사나 동사 연용형에 붙어) 마치~ 같다, ~경향이 있다 □ 追々 차차, 점차 □ 直る 고쳐지다, 낫다 □ ちゃんとする 제대로 되다 □ ぶっちゃける (모두 털어놓다(ぶちあける)의 구어적 표현) 숨김없이 다 털어놓다 □ 合わせる 맞추다, 맞게 하다 □ 芳しい 향기로운 □ 黄昏 황혼 □ 自慢 자랑 □ 徹底的 철저함 □ コメント 코멘트, 논평 □ 自己嫌悪 자기혐오

また、釈然としない気分でもあった。アンを叱るべきだろうか、あの子は上手く謝りすぎたんだから。だが、上手く謝ったから叱るなんて、そんなばかな！ しょうがないので、自分の良心と妥協するために、こう厳しく言った。

「これからは、こんな風な申し訳を何度もしないでおくれ。自分で気持ちを抑えられるようになっとくれ、アン」

「そんなに難しくないわ、誰もあたしの見かけをからかわなければだけど」ため息をつくアンだった。

「他のことなら怒ったりしないわよ。でももううんざりなの、髪の色をからかわれるのは。だからすぐ頭が沸騰しちゃうのよ。マリラは、あたしが大人になったら格好良いとび色の髪になると思う？」

 또한 석연치 않은 기분이 들었다. 앤을 혼내야 할까, 저 아이는 너무 잘 사과했으니까. 하지만 너무 잘 사과했다고 혼내다니, 그런 바보 같은 일이 있나! 어쩔 수 없이, 자신의 양심과 타협하기 위해 이렇게 엄하게 말했다.
 "앞으로는 이런 식의 사과를 여러 번 하지 않도록 해줘. 스스로 감정을 억제할 수 있게 되어줘, 앤."
 "그렇게 어렵진 않아요, 아무도 내 외모를 놀리지만 않는다면 말이에요." 앤은 한숨을 쉬었다.
 "다른 거라면 화나지 않아요. 하지만 머리 색깔을 놀림당하는 건 정말 지긋지긋해요. 그래서 바로 머리에 열이 확 올라버려요. 마릴라 아주머니, 제가 어른이 되면 멋진 밤색 머리카락이 될 거라고 생각하세요?"

빨간머리 앤 赤毛のアン

- 釈然としない 석연찮다
- 妥協する 타협하다
- 見かけ 겉모습, 외모
- 沸騰する 끓어오르다

「あんたは見かけにこだわり過ぎなんだよ、アン。実はすごく見えっ張りじゃないのかね」

「どうして見えっ張りなの、みっともないのは分かってるのよ？」アンは別意見だった。

「あたしは奇麗なものが好きなの。だから鏡を見るのは嫌い、鏡の中に奇麗じゃ無いものが見えるんだもの。すごくがっかりするのよね、みっともないものを見た時みたいで。美しくなくて可哀想」

「格好良いのは、見目より心だよ」マリラが引用してみせた。

"너는 겉모습에 너무 집착하는구나, 앤. 사실은 굉장히 허영심이 강한 거 아니니?"

"왜 허영심이 있다는 거예요, 내가 볼품없다는 건 알고 있는데요?" 앤은 다르게 생각하고 있었다.

"나는 예쁜 걸 좋아해요. 그래서 거울 보는 게 싫어요. 거울 속에 예쁘지 않은 게 비치니까. 너무 실망스러워, 볼품없는 걸 봤을 때처럼 말이에요. 예쁘지 않아서 불쌍해."

"멋진 건, 겉모습보다 마음이란다." 마릴라가 인용하듯 말했다.

빨간머리 앤 赤毛のアン

□ こだわり 구애됨, 구애되는 마음 □ 見えっ張り 허영심이 강한 사람, 겉치레를 중시하는 사람 □ 別意見 다른 의견 □ 鏡 거울 □ がっかりする 실망하다 □ 見目 외모, 용모 □ 引用する 인용하다

「前にそう言われたことあるけど、本当かな」アンは懐疑的な所見を述べて、両手に抱えた水仙の香りを吸い込んだ。

「う〜ん、甘い香りよね、この花！ リンドさんって良い人ね、こんなに素敵な花をくれたんだから。もうリンドさんは嫌な人だなんて思わないわ。今は素敵な気分だわ、気も楽になったし、謝ってちゃんと許されたんだもの、ね？ 今夜は空が澄んでて星が明るいわよね？ どれか星に住めるとしたらどれが良い？ あたしはあの陰った丘のずっと上の星が良いわ、大きくてキラキラ輝いてるとこが素敵」

「アン、もうおしゃべりはやめなさい」とマリラ。アンのくるくる変わる話題にもう付いていけず、すっかりお疲れのご様子である。

"전에 그런 말을 들은 적이 있는데, 정말일까요?" 앤은 회의적 의견을 말하며 두 손에 안은 수선화 향기를 들이마셨다.

"음~ 달콤한 향기야, 이 꽃! 린드 아주머니는 참 좋은 분이에요. 이렇게 멋진 꽃을 주셨으니까. 이제 린드 아주머니가 싫은 사람이라고는 생각 안 해요. 지금은 기분이 좋아요. 마음도 한결 가벼워졌고, 사과도 했고 제대로 용서받았잖아요, 그렇죠? 오늘 밤은 하늘이 맑고, 별이 밝네요? 별들 중 하나에 살 수 있다면 어떤 별이 좋아요? 나는 저 그늘진 언덕 엄청 위에 떠 있는 별이 좋아요, 크고 반짝반짝 빛나는 게 멋지잖아요."

"앤, 이제 그만 좀 말하렴." 마릴라가 말했다. 앤이 이리저리 바꾸는 화제에 더는 따라갈 수 없어서 완전히 지친 기색이었다.

□ 懐疑的 회의적 □ 所見 소견, 의견 □ 甘い 달콤한 □ 嫌 싫음 □ 明るい 밝다 □ 陰る 어두워지다 □ キラキラ 반짝반짝 □ くるくる変わる 휙휙 바뀌다, 계속 바뀌다 □ 話題 화제 □ 付いていく 따라갈 수 없다

「素敵ね、帰るうちがあるのよ、あれがうちなのよ。グリーン・ゲイブルズが好き、とっくに好きになってた、今まで好きになった所なんか無かったのに。うちだと思える所なんか何処にも無かったのに。ああ、マリラ、あたしすごく幸せ」

　何か暖かくて気持ち良いものがマリラの心の中に沸き上がった。あの痩せた小さなこの子の手が触れた途端に、ドクンと一つ沸き上がった。おそらくは、母であること、自分にもなり得たはずのことが。こんな気分は尋常じゃない、こんなに甘い気分なんか。慌てて心の波を静め、教訓を一つ唱えると、いつもの落ち着いた静けさが戻ってきた。

"근사해요. 돌아갈 집이 있다는 게. 저게 우리 집이에요. 초록 지붕 집이 좋아요, 진작부터 좋아하고 있었어요. 지금까지 좋아하게 된 곳은 없었는데. 집이라고 느낄 수 있는 곳도 어디에도 없었는데. 아, 마릴라, 나 정말 행복해요."
　무언가 따뜻하고 기분 좋은 것이 마릴라의 마음속에서 북받쳐 올랐다. 저 여위고 작은 아이의 손이 닿은 순간, 쿵 하고 한 번 끓어올랐다. 어쩌면, 어머니가 된다는 것, 자신도 될 수 있었을지도 모르는 그것이. 이런 기분은 평범하지 않다. 이렇게나 달콤한 기분이라니. 황급히 마음의 파동을 가라앉히고, 교훈을 하나 되뇌이자 여느 때의 차분한 고요함이 돌아왔다.

□ とっくに 훨씬 전에, 오래전에 □ 触れる 닿다 □ 途端 (바로) 그 순간 □ ドクン 쿵, 두근 □ おそらく 아마, 어쩌면 □ 母 어머니 □ なり得る 될 수 있다 □ 尋常 심상, 보통, 평범 □ 波 파도 □ 静める 조용하게 하다 □ 教訓 교훈 □ 唱える 되뇌다, 외치다 □ 静けさ 고요함

第9章 厳粛な誓約と約束

　次の金曜日になって、マリラは言った。「良い知らせがある。ダイアナ・バリーが今朝戻って来たんだよ。これからバリーさんとこからスカートの型を借りに行くんだけど、何ならついてきても良いし、そうしたらダイアナと顔を合わせられるよ」

　それを聞くとアンは立ち上がった。両手をぎゅっと組み合わせ、縁を縫いかけていた皿布巾が、見捨てられてハラリと床に落ちた。

「ああ、マリラ、あたし怖い。遂にこの時が来たのよ、本当に怖いわ。もしあたしを好きになれないなんてことになったら！　そんなことになったら、あたしの望みは夢と消え、人生最大の悲劇になってしまうわ」

9장 엄숙한 맹세와 약속

　다음 금요일이 되어 마릴라는 말했다. "좋은 소식이 있단다. 다이애나 배리가 오늘 아침에 돌아왔단다. 지금 배리 씨 댁에 스커트 본을 빌리러 갈 건데, 네가 원한다면 따라와도 좋고, 그러면 다이애나와 만날 수 있을 거다."

　그 말을 듣고 앤은 일어섰다. 두 손을 꼭 모으자, 가장자리를 꿰매던 행주가 버려진 채로 팔랑 하고 바닥에 떨어졌다.

"아, 마릴라, 나 무서워요. 드디어 이 순간이 온 거에요, 정말 무서워요. 만약 나를 좋아하지 않는 일이 생긴다면 어쩌지! 그런 일이 생긴다면 내 바람은 꿈처럼 사라지고, 인생 최대의 비극이 되고 말 거예요."

□ 厳粛 엄숙 □ 誓約 맹세, 서약 □ スカートの型 치마의 본 □ 顔を合わせる 얼굴을 대하다, 만나다 □ ぎゅっと 꽉, 단단히 □ 縁 가장자리 □ 縫う 꿰매다, 바느질하다 □ 皿布巾 행주 □ 見捨てる 버리다 보고 그대로 내버려 두다 □ ハラリと 사르르, 팔랑 □ 怖い 무섭다 □ 望み 바람, 소망 □ 最大 최대 □ 悲劇 비극

「ほら、あわてるんじゃないよ。それから、そんな長々しい言葉を使って欲しくないね。すごく変に聞こえるんだよ、小さい子向けじゃないね。

　ダイアナはあんたを結構気に入るんじゃないかい。問題はあの子の母親でね、気をつけた方が良いよ。母親があんたを気に入らなけりゃ、ダイアナの方がいくら気に入っても無駄だからね。

　丁寧で良い子にすること、それからいつものびっくり仰天するような言い回しをしないことだよ。なんだい、この子ったら本当に震えてるじゃないか！」

　アンは正に震えていた。顔色は真っ青で緊張していた。

"자, 허둥대지 말거라. 그리고 그런 장황한 말을 쓰지 않았으면 좋겠구나. 정말 이상하게 들려. 어린애답지 않아.

다이애나는 너를 꽤 마음에 들어 할지도 몰라. 문제는 그 아이 엄마야. 조심하는 게 좋아. 다이애나 엄마가 너를 마음에 들어 하지 않으면, 다이애나가 아무리 너를 마음에 들어 해도 소용없거든.

공손하고 착한 아이처럼 행동할 것, 그리고 늘 하던 그 깜짝 놀라는 듯한 말투는 하지 말 것. 뭐야, 이 애 정말로 떨고 있잖아!"

앤은 정말로 떨고 있었다. 안색은 새파랗고, 긴장하고 있었다.

빨간머리 앤　赤毛のアン

□ 長々しい 길고 장황하다 □ 向け ~용, ~대상 □ 問題 문제 □ 母親 어머니 □ 無駄 소용없음 □ 丁寧 정중함, 공손함 □ 言い回し 말투, 표현 방식 □ 顔色 안색

「ああ、マリラ、きっとマリラだって緊張するわよ、これから心の友になれたら良いなって思ってた女の子に会うのに、その子のお母さんが自分を嫌いになるかもしれないんだから」そう言うと、帽子を取りに駆け出した。

二人は果樹園坂まで歩いて行った。バリー夫人は、マリラのノックに答えて、台所の勝手口で出迎えた。夫人は背が高く、黒い瞳で黒い髪の女で、口元がことさらにきりっとしていた。子供達をとても厳しく躾けるともっぱらの評判だった。

「いらっしゃい、お元気でした、マリラ？」と夫人が丁寧に挨拶した。

「中にどうぞ。この子が例のお宅で引き取ったっていう女の子かしら？」

"아, 마릴라 아주머니, 분명 마릴라 아주머니도 긴장할 거예요. 이제부터 마음의 친구가 되었으면 하고 바라던 여자아이를 만나러 가는데, 그 애의 엄마가 나를 싫어하게 될지도 모르니까요." 그렇게 말하고는 모자를 가지러 달려 나갔다.

두 사람은 과수원 언덕까지 걸어갔다. 배리 부인은 마릴라의 노크에 응해 부엌 쪽문으로 마중 나왔다. 부인은 키가 크고, 검은 눈동자에 검은 머리카락을 가진 여자였으며, 입가는 유난히 단정하고 날카로웠다. 아이들을 매우 엄하게 훈육하는 것으로 널리 알려진 평판이었다.

"어서 와요, 잘 지냈어요, 마릴라?" 하고 부인이 정중하게 인사했다.

"안으로 들어가세요. 이 아이가 그 집에서 맡은 여자아이인가요?"

□ 駆け出す 달려 나가다 □ ノック 노크 □ 勝手口 부엌 쪽문, 뒷문 □ 出迎える 마중 나가다, 맞이하다 □ 背が高い 키가 크다 □ ことさらに 유난히, 특히 □ きりっとする (표정 등이) 단호하다, 날카롭다 □ もっぱら 주로, 전적으로 □ 評判 평판 □ 例の 예의, 그(이미 언급된)

「ええ、この子がアン・シャーリーです」とマリラ。

「Eをつけて綴るんです」アンが慌てて付け加えた。緊張して震えてはいたが、この重要事については、何としても間違いがあってはならないと気をつけていたのだった。

バリー夫人は聞こえなかったのか、あるいは何を言っているのか分からなかったのか、単に握手を交わし優しくこう言っただけだった。

「ご機嫌いかが？」

「おかげさまで体の方は元気ですけど、心はかなり動揺してます。お気遣いありがとう、奥様」

アンが大真面目にいった。それからマリラの方を向くと、大きなひそひそ声で言った。

「ねえ、どこもびっくりしなかったでしょう？」

"네, 얘가 앤 설리에요."라고 마릴라가 말했다.

"E를 붙여서 써요." 앤이 다급히 덧붙였다. 긴장해서 떨고는 있었지만, 이 중요한 일에 대해서는 어떻게든 실수가 있어선 안 된다고 조심하고 있었다.

배리 부인은 들리지 않았던 건지, 아니면 무슨 말을 하는 건지 이해하지 못했던 건지, 그저 악수를 나누며 다정하게 이렇게 말했을 뿐이었다.

"기분은 어떠니?"

"몸은 덕분에 괜찮지만, 마음은 꽤 동요하고 있어요. 걱정해 주셔서 감사해요, 부인."

앤은 아주 진지하게 말했다. 그리고 마릴라 쪽을 돌아보며 크게 속삭이는 목소리로 말했다.

"아주머니, 아무데도 이상하지 않았죠?"

- 綴る 철자하다, 표기하다
- 付け加える 덧붙이다, 첨가하다
- 何としても 어떻게 하든
- 単に 단지, 그저
- 握手を交わす 악수하다
- 動揺 동요
- ひそひそ声 속삭이는 목소리

ダイアナはソファーに座って本を読んでいたが、客が入ってくると読書を中断した。ダイアナはとても可愛い女の子で、母親譲りの黒い瞳と黒い髪だった。バラ色の頬と陽気な表情は父親から受け継いだものだった。

「これがうちの娘のダイアナですわ。ダイアナ、アンを庭に連れて行って、あなたの植えた花を見せてあげたらどう。本で目を悪くするよりずっとましよ。この子は本ばかり読み過ぎるんですよ。

どうしても止めさせられないんですよ、父親が何かとけしかけるものですから。いつも夢中になって本を読んでますの。あの子に遊び友達ができそうで嬉しいですわ。そうすればたぶん、自然と外で過ごすことになりますから」

다이애나는 소파에 앉아 책을 읽고 있었지만, 손님이 들어오자, 독서를 멈췄다. 다이애나는 매우 귀여운 여자아이로, 어머니를 닮은 검은 눈동자와 검은 머리카락을 가지고 있었다. 장밋빛 뺨과 명랑한 표정은 아버지에게서 물려받은 것이었다.

"이 아이가 우리 딸 다이애나예요. 다이애나, 앤을 정원에 데려가서 네가 심은 꽃을 보여주면 어떨까. 책 때문에 눈이 나빠지는 것보단 훨씬 낫잖니. 이 애는 책만 너무 많이 읽는다니까요.

어떻게 해도 멈추게 할 수가 없어요. 아버지가 이런저런 식으로 부추기는 거니까요. 늘 책을 읽는데 푹 빠져 있어요. 저 아이에게 놀 친구가 생길 것 같아서 기뻐요. 그러면 아마 자연스럽게 밖에서 지내게 될 테니까요."

빨간머리 앤 赤毛のアン

□ ソファー 소파 □ 読書 독서 □ 中断する 중단하다 □ 可愛い 귀엽다 □ 母親 어머니 □ 譲り 물려받음 □ 父親 아버지 □ 受け継ぐ 물려받다 □ 植える 심다 □ 本 책 □ 止める 멈추다, 그만두다 □ けしかける 부추기다, 선동하다 □ 自然と 자연스럽게

外の庭は、柔らかな夕陽の光で満ちあふれていた。その光は古いモミの陰影を抜けて庭の西側を照らしていた。アンとダイアナは立ったまま、目の覚めるようなオニユリの茂みをはさんで、互いに恥ずかしそうに見つめあっていた。

　バリー家の庭は、緑陰に富んだ花が咲くに任せた庭で、もし運命に悩む必要がない時ならば、アンも喜んで楽しんだことだろう。年月を経た大きな柳と高くそびえたモミの木に囲まれ、その下には木陰を好む花々が花開いていた。

　「ねえ、ダイアナ」やっとの思いでアンが切り出した。両手をギュッと組み合わせて、囁き声かと思うような小さな声だった。「ねえ、あたしを少しは好きになれそうかな。あたしの心の友になれそう？」ダイアナがクスッと笑った。ダイアナは口を開く前に笑う癖があるのだった。

　바깥 정원은 부드러운 석양빛으로 흘러 넘치고 있었다. 그 빛은 오래된 전나무의 그림자를 통과해 정원의 서쪽을 비추고 있었다. 앤과 다이애나는 선 채로 선명한 참나리 덤불을 사이에 두고 서로를 부끄러운 듯 바라보고 있었다.

　배리 집의 정원은 푸른 그늘이 풍부하고 꽃이 저절로 피어나는 정원으로, 만약 운명에 대해 고민할 필요가 없는 때였다면, 앤도 기뻐하며 즐겼을 것이다. 세월을 지난 큰 버드나무와 높이 솟은 전나무에 둘러싸여 있고 그 아래에는 그늘을 좋아하는 꽃들이 피어있었다.

　"있지, 다이애나." 앤이 마침내 입을 열었다. 두 손을 꼭 맞잡고, 속삭임처럼 작은 목소리였다. "있지, 나를 조금 좋아하게 될 것 같니. 내 마음의 친구가 되어줄 수 있겠니?" 다이애나는 피식 웃었다. 다이애나는 말하기 전에 웃는 버릇이 있었다.

□ 夕陽 석양　□ 満ちあふれる 가득 차서 넘치다　□ 照らす 비추다　□ オニユリ 참나리　□ 目の覚めるような 눈이 번쩍 뜨일 것 같은 (선명한)　□ 茂み 덤불　□ はさむ 끼우다, 사이에 두다　□ 互いに 서로　□ 見つめあう 서로 응시하다, 바라보다　□ 緑陰 녹음　□ 富む 풍부하다　□ 運命 운명　□ 悩む 고민하다　□ そびえる 우뚝 솟다　□ 木陰 나무 그늘　□ 好む 좋아하다　□ 花々 꽃들　□ 花開く 꽃이 피다　□ やっとの思いで 간신히, 가까스로　□ クスッと 키득, 피식　□ 癖 버릇

「そうね、そうなれると思うわ」正直な答えが返ってきた。「あなたがグリーン・ゲイブルズに居ることになってすごく嬉しいのよ。ようやく遊び友達ができるんだもの、楽しくなるわね。近くには女の子が誰も居ないから遊べなかったのよ、それに妹は小さすぎるし」

「永遠にあたしの友達になるって誓ってくれる？」勢いづいたアンが頼み込んだ。ダイアナはギョッとしたようだった。

「どんな風にするの？」「両手をつなぐのよ、そう」重々しくアンが言った。「流れる水の上でなくちゃいけないのよ。この小径が流れる水と想像すれば良いわ。あたしから宣誓を復誦するわね。我ここにおごそかに誓うものなり、太陽と月の続く限り、我が心の友、ダイアナ・バリーに忠実であらんことを。さあ、あたしの名前を入れてあなたが言うのよ」

"그래, 그렇게 될 것 같아." 정직한 대답이 돌아왔다. "네가 초록 지붕 집에 있게 되어서 정말 기뻐. 드디어 같이 놀 친구가 생긴 거잖아, 정말 즐거워질 거야. 이 근처엔 여자애가 아무도 없어서 놀 수가 없었거든. 게다가 내 여동생은 너무 어려서 말이야."

"영원히 나랑 친구가 된다고 맹세해 줄래?" 기세가 오른 앤이 간절히 부탁했다. 다이애나는 깜짝 놀란 듯했다.

"어떻게 하는 건데?" "양손을 맞잡는 거야, 그래." 앤이 엄숙하게 말했다. "흐르는 물 위에서 해야 해. 이 오솔길을 흐르는 물이라고 상상하면 돼. 내가 먼저 선서문을 복창할게. 나는 여기 엄숙히 맹세합니다. 태양과 달이 존재하는 한, 내 마음의 친구, 다이애나 배리에게 충실할 것을. 자, 이제 내 이름을 넣어서 네가 말하는 거야."

빨간머리 앤 赤毛のアン

□ 妹 여동생　□ 誓う 맹세하다　□ 勢いづいた 기세가 오르다, 탄력을 받다 □ 頼み込む 청하다, 간절히 부탁하다　□ ギョッとする 깜짝 놀라다　□ つなぐ 잇다, 손을 잡다　□ 重々しく 엄숙하게, 무게 있게　□ 宣誓 선서　□ 復誦する 복창하다　□ 我 나(문어체)　□ おごそかに 엄숙히　□ 太陽 태양　□ 月 달　□ 忠実 충실함　□ あらんことを ~하겠다 (문어체로 바람이나 맹세를 표현할 때 씀)

ダイアナが「宣誓」の前後にクスクスしながら復誦を終えた。それからこう言った。

「あなたって変わった子ね、アン。変わってるって聞かされてたのよ。でも、あなたのこと好きになれると思うわ」

　マリラとアンが家に帰る途中、丸木橋までダイアナが連れ添った。二人の少女は腕を互いに背中にまわして仲良く歩いていった。別れ際に小川の上で、明日の午後は一緒に遊ぼうと、たくさんの約束を交わすのだった。「それで、ダイアナは同じ波長の子だったかい？」グリーン・ゲイブルズの庭を抜けて家の方に上って行きながらマリラが聞いた。

「うん、そうだった」至福のため息をつきながらアンが言った。マリラの皮肉には少しも気がついていない。「ねえ、マリラ、あたしプリンス・エドワード島一番の幸せ者だわ、今、本当に幸せ」

다이애나는 '선서'를 앞뒤로 킥킥 웃으면서 복창을 마쳤다. 그리고 이렇게 말했다.
"넌 참 특이한 아이구나, 앤. 특이하다고 얘기는 들었어. 그렇지만, 네가 좋아질 것 같아."

　마릴라와 앤이 집으로 돌아가는 길에, 다이애나는 통나무 다리까지 함께 걸었다. 두 소녀는 서로의 등을 팔로 감싸 안고 사이좋게 걸어갔다. 작별할 때, 개울 위에서 내일 오후에 함께 놀자며 많은 약속을 나누었다. "그래서, 다이애나는 같은 파장의 아이였니?" 마릴라는 초록 지붕 집의 정원을 지나 집 쪽으로 올라가면서 물었다.

"네, 그랬어요." 앤은 지극한 행복의 한숨을 내쉬며 말했다. 마릴라의 빈정거림은 전혀 눈치채지 못한 채. "있죠, 마릴라 아주머니, 저는 지금 프린스 에드워드 섬에서 제일 행복한 사람이에요. 정말 행복해요."

☐ 前後 전후 ☐ クスクス 낄낄, 킥킥 ☐ 丸木橋 통나무 다리 ☐ 連れ添う 함께 걷다, 동행하다 ☐ 少女 소녀 ☐ まわす 두르다 ☐ 仲良く 사이좋게 ☐ 別れ際 헤어질 때, 헤어지는 순간 ☐ 約束を交わす 약속을 나누다 ☐ 至福 더할 나위 없는 행복 ☐ 皮肉 빈정거림, 비꼼

第10章 疾風怒濤の小学校生活

　穏やかに何事も無く時は流れた。そして、今日のこの九月のすがすがしい朝、軽い足取りで楽しげに樺小径を下って行くアンとダイアナは、アヴォンリーで一番の幸せな二人だった。

「今日、ギルバート・ブライスが学校に出て来ると思うわ」ダイアナが言った。「夏中ずっとニュー・ブランズウィックのいとこの家に居て、土曜の夜に戻ったばかりなのよ。すっごいハンサムよ、アン。それに、女の子をからかってばかり、酷いのよ。彼ってあたし達女の子にとって、人生の悩みの種だわ」

　ダイアナの声の調子では、どちらかというと自分の人生に悩みの種を作って欲しいようだった。

제10장 질풍노도의 초등학교 생활

　평온하게 아무 일도 없이 시간은 흘렀다. 그리고 오늘, 이 9월의 상쾌한 아침에 가벼운 발걸음으로 즐겁게 벚나무 오솔길을 내려가는 앤과 다이애나는 에이번리에서 가장 행복한 두 사람이었다.

　"오늘 길버트 브라이스가 학교에 나올 것 같아." 다이애나가 말했다. "여름 내내 뉴브런즈윅의 사촌 집에 있다가 토요일 밤에 막 돌아왔대. 엄청나게 잘생긴 애야, 앤. 근데 여자애를 놀리기만 해, 너무하지. 그 애는 우리 여자애들한테 인생의 골칫거리야."

　다이애나의 목소리 어조로는 어느 쪽인가 하면 오히려 자신의 인생에 골칫거리를 만들어 주었으면 하는 것 같았다.

□ 疾風怒濤 질풍노도 □ 小学校 초등학교 □ 生活 생활 □ 穏やか 온화함, 평온함 □ 何事 어떤 일, 무슨 일 □ すがすがしい 상쾌하다 □ 樺 자작나무 □ 夏 여름 □ いとこ 사촌 □ 土曜 토요일 □ すっごい 대단하다 □ ハンサム 핸섬, 미남 □ 彼 상대방, 제삼자 □ 悩みの種 고민거리, 골칫거리

「これからはギルバートも同じクラスになるわよ。それに、今までずっとクラスで一番だったのよ、教えとくわね。まだ四年生レベルなのよ、もうすぐ十四歳になるんだけど。四年前にお父さんが病気になって、アルバータに療養に行くので、ギルバートも付き添って行ったの。

二人とも三年向こうにいて、こっちに戻って来るまで、ギルバートは学校にほとんど行ってなかったのよ。これからは一番でいるのは、そんなに簡単じゃなくなるわよ、アン」

「嬉しいわね」アンが直ぐに切り返した。「九つや十の男の子や女の子達の中で一番だからって、自慢にならないもの。

二人が学校に着くとすぐに授業が始まった。フィリップス先生が教室の後ろでプリシー・アンドリューズのラテン語を聞いている時、ダイアナがアンにそっと囁いた。

"앞으로는 길버트도 같은 반이 될 거야. 게다가 지금까지 쭉 반에서 1등이었어. 말해두는데 아직 4학년 레벨이야, 이제 곧 14살이 되지만 말이야. 4년 전에 아버지가 병에 걸려서 앨버타로 요양하러 가게 되었는데, 길버트도 함께 따라갔어.

두 사람 다 3년 동안 저쪽에 있었고, 여기로 돌아오기까지 길버트는 학교에 거의 가지 않았어. 이제는 1등 하는 게 그렇게 쉽지 않을 거야, 앤."

"기쁘네." 앤이 곧바로 받아쳤다. "아홉이나 열 살 된 남자아이들과 여자아이들 사이에서 1등이라 해도, 자랑이 되지 않잖아."

두 사람이 학교에 도착하자마자 수업이 시작되었다. 필립스 선생님이 교실 뒤에서 프리시 앤드루스의 라틴어를 듣고 있을 때 다이애나가 앤에게 살짝 속삭였다.

□ クラス 학급, 반 □ レベル 레벨 □ 病気 병 □ 療養 요양 □ 付き添う 곁에서 시중들다, 곁을 따르다 □ 直ぐに 곧, 곧바로 □ 九つ 아홉 살, 아홉 개 □ 十 열 개, 열 살 □ 授業 수업 □ 先生 선생 □ 教室 교실 □ ラテン語 라틴어 □ そっと 살짝

「向こうにいるのがギルバート・ブライスよ、通路(つうろ)のあなたと反対側に座ってるわ、アン。ちょっと見てみなさいよ、ハンサムかどうか確かめてみて」

アンは言われるまま見てみることにした。確かめるには絶好(ぜっこう)の機会だった。というのも、このギルバート・ブライスなる者は、ルビー・ギリスの長いこがね色のおさげを、こっそりいたずらするのに夢中だったからである。ルビーはちょうど前の席に座っていたので、その席の後ろにピンで留めようというのだった。

少年は背が高く、巻(ま)き毛(げ)で褐色(かっしょく)の髪、いたずら好きなはしばみ色の瞳で、口元にはニヤニヤとからかいの笑みを浮かべていた。

しかし、事態(じたい)が本当に動き出すのは、午後を待たねばならなかった。

"저쪽에 있는 애가 길버트 브라이스야, 복도에서 너와 반대쪽에 앉아 있어. 앤. 좀 봐봐, 잘생겼는지 어떤지 확인해 보라고."

앤은 말대로, 한번 보기로 했다. 확인하기에는 절호의 기회였다. 왜냐하면 길버트 브라이스라는 녀석은 루비 길리스의 긴 황금빛 양갈래머리를 몰래 장난치는 데 정신이 팔렸기 때문이다. 루비는 바로 앞자리에 앉아 있었기 때문에 그 머리를 뒷자리에 몰래 핀으로 고정하려 하고 있었다.

소년은 키가 크고 곱슬곱슬한 갈색 머리에 장난을 좋아하는 헤이즐 빛 눈동자, 입가에는 히죽이며 놀리는 듯한 웃음을 띠고 있었다.

그러나 사태가 진짜로 움직이기 시작한 것은 오후를 기다려야 했다.

빨간머리 앤 赤毛のアン

□ 通路 복도, 통로 □ 絶好 절호, 더없이 좋은 기회 □ こっそり 몰래, 살짝 □ いたずらする 장난하다 □ 巻き毛 곱슬머리 □ 褐色 갈색 □ いたずら好き 장난을 좋아함, 장난기 □ はしばみ色 개암나무 색(헤이즐 빛) □ ニヤニヤ 히쭉히쭉, 싱글싱글 □ からかい 놀림 □ 事態 사태

ギルバート・ブライスは、なんとかアン・シャーリーを振り向かせようとしていたが、全て徒労に終わっていた。なぜならその時のアンは、ギルバート・ブライスの存在だけでなく、アヴォンリー小学校の他の生徒も、アヴォンリー小学校のことすら、すっかり忘却の彼方だったからである。

あごを両の掌の上に乗せ、両目のを西の窓から楽しめる、青い輝く水面の湖のきらめきに釘付けにしたまま、アンは遠く妙なる夢の国に遊んでいた。聞こえるもの、目に入るものといえば、夢のような自分だけの幻想の景色だけだった。

ギルバート・ブライスは、今まで女の子を振り向かせようとして、首尾良く行かないことはなかった。何で振り向かないんだ、この赤毛の女の子、尖り気味のあごで、大きな目、アヴォンリー小学校の他の女の子とは似てない目をした子は。

길버트 브라이스는 어떻게든 앤 설리를 돌아보게 하려 했지만, 모든 것은 헛수고로 끝나고 있었다. 왜냐하면 그때 앤은 길버트 브라이스의 존재뿐만 아니라, 에이번리 초등학교의 다른 학생들도 에이번리 초등학교 자체도 완전히 망각의 저편에 있었기 때문이다.

턱을 두 손바닥 위에 얹은 채, 두 눈을 서쪽 창문에서 감상할 수 있는 푸르고 반짝이는 호수의 수면에 고정한 앤은 멀고도 오묘한 꿈의 나라에서 놀고 있었다. 들리는 것, 눈에 들어오는 것이라고는 꿈같은 자신만의 환상의 경치뿐이었다.

길버트 브라이스는 지금까지 여자아이를 돌아보게 하는 것이 잘 안된 적은 없었다. 왜 돌아보지 않는 거야, 이 빨간머리 여자애는? 뾰족한 느낌의 턱에 큰 눈, 에이번리 초등학교의 다른 여자애들과는 닮지 않은 눈을 가진 이 아이는.

빨간머리 앤 赤毛のアン

□ 振り向く 뒤돌아보다, 거들떠보다 □ 徒労 헛수고 □ 生徒 학생 □ 忘却 망각 □ 彼方 후방 □ 掌 손바닥 □ 乗せる 태우다 □ 両目 두 눈 □ 水面 수면 □ 湖 호수 □ きらめき 빛남, 반짝임 □ 釘付け 못을 박아 고정함, 그 자리를 움직이지 못하게 함 □ 妙なる 묘한 □ 幻想 환상 □ 景色 경치, 풍경 □ 首尾良く 일이 잘 되어간다 □ 気味 기미, 경향

　ギルバートは通路越しに腕を伸ばして、アンの長くて赤いおさげの一方の端を摘むと、腕を伸ばしたまま、グサッと囁いた。

「ニンジン！　ニンジン！」

　するとアンが、いきなり振り向いた！

　振り向いただけではなかった。弾かれたように立ち上がった。輝き溢るる夢の世界は、今や救いようがないほどの廃虚と化していた。アンは両方の目からギラギラした憤怒の眼差しをギルバートに発した。パチパチはぜる怒りの火花は、込み上げる怒りの涙であっという間に消し去られ、取って代わられた。

　길버트는 복도 너머로 팔을 뻗어 앤의 길고 붉은 땋은 머리 한쪽 끝을 집더니, 팔을 뻗은 채로 콕 찌르듯 속삭였다.

"당근! 당근!"

　그러자 앤이 갑자기 휙 돌아봤다!

　돌아본 것만이 아니었다. 튕긴 듯이 일어섰다. 찬란한 꿈의 세계는 이제 구제할 길이 없을 정도로 폐허로 변해 있었다. 앤은 두 눈에서 이글거리는 분노의 눈빛을 길버트에게 던졌다. 타닥타닥 튀는 분노의 불꽃은 북받치는 분노의 눈물로 순식간에 지워져 대체됐다.

빨간머리 앤　赤毛のアン

□ 越し (명사에 붙어서) ~너머 □ 端 끝 □ グサッと 콕, 찌르듯 (강하게 인상을 주는 소리·행동 묘사) □ 弾く 튀기다, 튕기다 □ 溢るる 넘치다, 흘러넘치다 (溢る의 고어형/ 문어형) □ ようがない 할 방법이 없다, 할 수단이 없다 □ 廃虚 폐허 □ 化す 변하다 □ 両方 양방, 쌍방 □ 憤怒 분노 □ 発する 발하다, 일으키다 □ パチパチ 눈을 깜박거리는 모양, 깜박깜박 □ はぜる 터지다, 튀다 □ 火花 불꽃 □ 込み上げる (감정 등이) 치밀다, 북받치다, 솟아오르다 □ 消し去る 지워 없애다 □ 取って代わる 대신하다

「この意地悪、憎たらしい奴！」アンが激怒して叫んだ。「よくも言ったわね！」

そう言うと今度は——バキッ！ アンはギルバートの頭に石盤を叩きつけて、かち割ってしまった。頭ではなく石盤を——真っ二つに。みんなから「うわあ」っという恐ろしげなどよめきと、待ってましたの感嘆の声がもれた。ダイアナは息を飲み込んだままだ。いつの間にか通路をやって来たフィリップス先生が、アンの肩にガシッと手を置いた。

"이 짓궂은, 얄미운 녀석!" 앤이 격분하여 소리쳤다. "잘도 그런 말을 했네!"

그렇게 말하자 이번에는——쾅! 앤은 길버트의 머리에 석판을 내리쳐 깨뜨려 버렸다. 머리가 아니라 석판을 —— 완전히 두 동강으로. 모두에게서 "우와." 하고 두려움 섞인 술렁임과 기다렸다는 듯한 감탄의 목소리가 흘러나왔다.

다이애나는 숨을 들이쉰 채 멈춰 있었다. 어느새 복도를 지나 다가온 필립스 선생님이 앤의 어깨에 퍽 하고 손을 얹었다.

□ 憎たらしい 얄밉다 □ 奴 녀석, 놈 (비하 표현) □ 激怒する 격노하다
□ バキッ 쾅, 쨍 (딱딱한 것이 부러지거나 부딪칠 때 나는 소리) □ 石盤 석판
□ かち割る 내리쳐 깨뜨리다 □ 真っ二つ 딱 두 동강이 □ どよめき 술렁임, 웅성거림 □ 感嘆 감탄 □ もれる 새어 나오다 □ ガシッと 퍽, 확 (강하게 움켜쥐거나 얹는 모양) □ 手を置く 손을 올리다

「アン・シャーリー、これはどういうことだね？」と、怒る先生。アンは何の言葉も返さなかった。自分が「ニンジン」呼ばわりされただなんて、どうして全学校の衆目の中で言えるだろうか。先生の怒りをものともせず、しっかりと返事を返したのはギルバートその人だった。

「俺が悪かったんです、フィリップス先生。俺がこの子をからかったんです」

フィリップス先生は、ギルバートを全く無視した。

「残念でなりませんね、私の生徒たる者がこのように癇癪を、復讐の心を見せてしまうとは」と勿体をつけて先生が言った。なにやら、自分の生徒であるというだけで、まだ幼く不完全な永遠ならざる生徒達の心の中から、全ての悪しき感情が根絶やしにされているはずだ、とでも言いたいらしい。「アン、教壇の黒板の前で、これから午後いっぱい立っていなさい」

"앤 셜리, 이게 무슨 일이지?"라고 화를 내는 선생님. 앤은 아무 말도 하지 않았다. 자신이 당근으로 불렸다는 걸, 어떻게 전교생의 눈앞에서 말할 수 있겠는가. 선생님의 분노에도 아랑곳하지 않고 똑바로 대답한 사람은 길버트 그 사람이었다.

"제가 잘못했어요, 필립스 선생님. 제가 이 아이를 놀렸어요."

필립스 선생님은 길버트를 완전히 무시했다.

"유감스럽기 그지없군요, 내 제자 된 자가 이런 식으로 분노와 복수심을 드러내다니." 체면을 차리며 선생님은 말했다. 마치, 자기 제자라는 것만으로도 아직 어리고 불완전하며 영원하지 않은 그들의 마음속에서, 모든 나쁜 감정은 뿌리째 뽑혀야 한다고 말하고 싶은 듯했다. "앤, 교단 칠판 앞에, 지금부터 오후 내내 서 있으렴."

□ 衆目 많은 사람의 눈 □ ものともせず 아랑곳하거나 문제 삼지 않는 모양, 아무렇지도 않게 여기는 모양 □ 俺 나 □ 無視する 무시하다 □ 復讐 복수 □ 勿体をつける 젠체하다, 재다 □ なにやら 무엇인지, 왠지 □ 不完全 불완전 □ -ざる ~(하지) 않다 □ 根絶 근절 □ 教壇 교단 □ 黒板 칠판

こんな罰を受けるくらいなら、鞭打たれる方が幾億倍もましだった。アンの感じやすい心が、鞭打たれたように震えおののいた。真っ青な固い表情でアンは従った。フィリップス先生はチョークを取って、黒板のアンの頭の上にこう書いた。

「アン・シャーリーは、すぐカッとなります。アン・シャーリーは、気持ちを抑えることを覚えなくてはなりません」そう書くと、まだ字が読めない初等クラスの子でもちゃんと分かるように、はっきりとこの文を読み上げた。

　アンは午後いっぱい、頭の上に説明書きを掲げながら立っていた。泣きもしなかった。顔を伏せもしなかった。心の中で未だに熱く燃えさかる怒りが、屈辱の苦悶の中でも良くアンを支えてくれた。憤り溢れる瞳で、怒りに燃えた頬で、アンはみんなと対峙していた。

　이런 벌을 받을 바에야 채찍질을 당하는 게 몇억 배 나았다. 앤의 감수성이 예민한 마음은 채찍에 맞은 것처럼 떨며 움찔했다. 창백하고 굳은 표정으로 앤은 따랐다. 필립스 선생님은 분필을 집어 칠판에 앤의 머리 위로 이렇게 썼다.
　'앤 설리는 금방 발끈합니다. 앤 설리는 감정을 억누르는 법을 기억해야 합니다.' 그렇게 쓰고나서 아직 글을 읽을 수 없는 초등반 아이들도 확실히 알 수 있도록 또박또박 이 글을 읽어 내려갔다.
　앤은 오후 내내 머리 위에 설명문을 들고 서 있었다. 울지도 않았다. 얼굴을 숙이지도 않았다. 마음속에서 아직도 뜨겁게 타오르는 분노가 치욕스러운 고통 속에서도 꿋꿋이 앤을 지탱해 줬다. 분노에 가득 찬 눈동자로, 분노에 불타는 뺨으로 앤은 모두와 맞서고 있었다.

□ 受ける 받다 □ 幾億倍 억만 배 □ 感じやすい 감수성이 예민하다, 다감하다 □ 震えおののく 떨며 움찔하다 (공포·충격 등) □ 従う 따르다, 순응하다 □ チョーク 분필 □ 字 글자 □ 初等 초등 □ 読み上げる 소리를 내어 읽다 □ 説明書き 설명문 □ 熱い 열렬하다 □ 燃えさかる 활활 타다 □ 対峙 대치, 대립

　学校が終わると、赤毛の頭をツンとさせて、アンは大股で外へ出ていった。ギルバート・ブライスがポーチの戸口でアンを呼び止めようとした。

「ゴメン、髪のことでからかって俺が悪かったよ、アン」小声で申し訳なさそうにそう言った。「本当さ。もう怒らないでくれよ」

　アンは見ざる聞かざるで、軽蔑もあらわにサッとすり抜けた。

「ねえ、よくそんなことできるわね、アン？」二人が街道の下りに出ると、ダイアナがようやく声に出して言った。半ば非難を込め、半ば感心していた。

　ダイアナは、自分だったらギルバートの頼みには逆らえないと感じていたのだ。

　학교가 끝나자 빨간머리를 처들고, 앤은 성큼성큼 밖으로 나갔다. 길버트 브라이스가 현관 입구에서 앤을 불러 세우려 했다.

　"미안, 머리를 놀린 건 내가 잘못했어, 앤." 작은 소리로 면목 없다는 듯 그렇게 말했다. "정말이야. 이제 화내지 말아 줘."

　앤은 보지도 듣지도 않고 경멸을 노골적으로 드러내며 휙 하고 지나쳐 갔다.

　"있지, 잘도 그런 일을 할 수 있네, 앤?" 두 사람이 큰길 내리막으로 접어들자, 다이애나가 마침내 목소리를 내어 말했다. 절반은 비난을 담은, 절반은 감탄하고 있었다.

　다이애나는 자신이라면 길버트의 부탁을 거절할 수 없었을 거라고 느끼고 있었다.

빨간머리 앤 赤毛のアン

□ ツンとする 뾰로통하다, 쳐들다, 콧대 높이다　□ 大股 가랑이를 크게 벌림, 황새걸음　□ 呼び止める 불러서 멈춰 세우다　□ 申し訳ない 면목 없다, 변명할 여지가 없다　□ 見ざる聞かざる 보지도 듣지도 않고　□ 軽蔑 경멸　□ あらわに 겉으로 드러나게, 노골적으로　□ サッと 횡하니, 휙 하고　□ すり抜ける (사람들이나 좁은 틈새를) 빠져나가다, 지나쳐 가다　□ 半ば 절반　□ 感心 감심, 기특함　□ 頼み 부탁, 청　□ 逆らう 거스르다

「あたし絶対許さない、あのギルバート・ブライス」と、アンは不動の決意を見せた。「それからフィリップス先生。あたしの名前にeを付けなかった。我が魂に鉄が打ち込まれたり、だわ、ダイアナ」

「気にしちゃだめよ、ギルバートが髪のことをからかったからって」アンをなだめようとダイアナが言った。「ほら、女の子はみんなからかわれてるのよ。あたしのことも笑うの、髪が黒すぎるって。カラスって十回以上呼ばれたことがあるわ。だけど、何かあっても今までギルバートが謝ったなんて聞いたことないわよ」

「カラスって言われるのと、ニンジンって言われるのじゃ、あまりにも大きな違いよ」アンが重々しく宣言した。

「ギルバート・ブライスはあたしの気持ちを、堪え難いくらい傷つけたのよ、ダイアナ」

"나 절대 용서하지 않을 거야, 저 길버트 브라이스." 앤은 흔들림 없는 결의를 보였다. "그리고 필립스 선생님도. 내 이름에 e를 붙여주지 않았어. 내 영혼에 철이 박힌 것 같았어, 다이애나."

"길버트가 머리를 놀렸다고 해서 신경 쓰지 마." 앤을 달래려 다이애나가 말했다. "있잖아, 여자애들은 다들 놀림을 받아. 나도 머리가 너무 까맣다고 놀림받았어. '까마귀'라고 불린 게 열 번은 넘는다니까. 그래도 말이야, 길버트가 사과했다는 얘기는 지금까지 들어본 적이 없어."

"까마귀라고 불리는 거랑 당근이라고 불리는 건, 너무나 큰 차이야."라고 앤이 진지하게 선언했다.

"길버트 브라이스는 내 기분을 참을 수 없을 정도로 상처 줬어, 다이애나."

□ 不動 부동 □ 決意 결의 □ 鉄 철 □ 打ち込む [속어] 박아 넣다, 힘껏 때려 박다 □ なだめる 달래다, 진정시키다 □ カラス 까마귀 □ 宣言 선언 □ 堪え難い 참기 어렵다

この一件は、これ以上の堪え難さもなく立ち消えになる可能性もあった。もし他に何事も起こらなければ。しかし、物事は一旦転がりだしたら、そのまま転がり続けるものなのだ。

　アヴォンリーの学生諸君は、松やにのガムを取るため、丘を越えた大きな牧草地の向こうにあるベル氏のエゾマツ林で、昼休みを過ごすことが多かった。

　事件のあった翌日、フィリップス先生は、生徒達を改革して進ぜようという突発性の発作にまたもや襲われたので、昼食をとりに下宿に戻る前にこう宣言しておいた。曰く、「生徒諸君は私が戻って来るまでに、全員着席していることを是非とも期待します。遅れて来た者はみんな罰することにします」と。

　이번 일은, 이 이상 더 견디기 힘든 일이기도 했지만, 만약 다른 일이 일어나지 않았다면 흐지부지될 가능성도 있었다. 하지만, 일이라는 건 일단 굴러가기 시작하면, 그대로 굴러가 버리는 법이다.

　에이번리 학생들은 송진 껌을 얻기 위해 언덕을 넘은 큰 목초지 너머에 있는 벨 씨의 가문비나무 숲에서 점심시간을 보내는 일이 많았다.

　사건이 있은 다음 날, 필립스 선생님은 학생들을 개혁하여 진보시키겠다는 돌발적인 발작에 또다시 사로잡혔고, 점심을 먹으러 하숙집에 돌아가기 전에 이렇게 선언해 두었다. 말하길, "학생 여러분이 내가 돌아올 때까지 전원 착석해 있기를 간절히 기대합니다. 늦게 오는 사람은 모두 벌을 주도록 하겠습니다."라고.

- [ ] 立ち消え (일·계획 따위가) 흐지부지됨, (슬그머니) 중단됨 [ ] 可能性 가능성
- [ ] 物事 일, 사물, 사건 [ ] 転がる 구르다, 굴러가다 [ ] 続ける 계속하다 [ ] 諸君 제군, 여러분 [ ] 松やに 송진 [ ] ガム 껌 [ ] 牧草地 목초지 [ ] 林 숲
- [ ] 昼休み 점심시간, 점심 후의 휴식 [ ] 多い 많다 [ ] 改革する 개혁하다 [ ] 進ぜる 진보하다 [ ] 突発性 돌발성 [ ] 発作 발작 [ ] 下宿 하숙 [ ] 曰く 이르기를, 말하길 (문어체 도입부) [ ] 全員 전원 [ ] 着席 착석 [ ] 是非 꼭, 제발
- [ ] 遅れる 늦다 지각하다

男の子は全員、女の子も数人がいつものようにベル氏のエゾマツ林に出かけた。初めはみんな「ガム一噛み分取る」間だけのつもりだった。だがしかし、エゾマツ林も魅力を発揮し、黄色いガムの塊が誘惑するのだった。

　ガムを取ってはぶらついて、さまよい歩き、もう授業が始まる時間だと焦って思い出したのは、いつものように、ジミー・グラバーの「先生が来たぞ」と叫ぶ声が、古いエゾマツの木の天辺から聞こえてからだった。

　女の子達は地面にいたから、先頭を切って走り、なんとか時間までに学校までたどり着けた。それでもあます余裕は一瞬しかなかった。男の子達は木の上から、慌てたイモムシのようにのたくりながら下りてこなければならないので、もっと遅れて来た。

　남자아이들은 전원, 여자아이들 중 몇 명도 평소처럼 벨 씨의 가문비나무 숲으로 나갔다. 처음엔 다들 '껌 한 입 분량만 따자' 정도의 생각뿐이었다. 하지만 가문비나무 숲도 매력을 발휘했고, 노란 껌 덩어리가 아이들을 유혹하는 것이었다.
　껌을 따고는 어슬렁어슬렁 돌아다니다가 곧 수업이 시작될 시간이라는 걸 다급히 떠올린 건, 늘 그렇듯, 지미 글로버가 "선생님이 오신다!"하고 오래된 가문비나무 꼭대기에서 외치는 소리가 들린 뒤부터였다.
　여자아이들은 지면에 있었기 때문에 앞장서서 달려 어떻게든 시간 안에 학교에 도착할 수 있었다. 그래도 남은 여유는 한순간뿐이었다. 남자아이들은 나무 위에서 허둥대는 애벌레처럼 꿈틀거리며 내려와야 해서 더 늦게 왔다.

빨간머리 앤　赤毛のアン

- □ 数人 몇 명 □ 一嚙み 한 입, 한 번 씹는 양 □ 分 분, 몫 □ 発揮 발휘
- □ 塊 덩어리 □ 誘惑 유혹 □ ぶらつく 어슬렁거리다 □ さまよう 헤매다
- □ 焦る 초조해하다, 안달하다 □ 地面 지면, 땅 □ 先頭を切る 선두에 서다
- □ 走る 달리다 □ たどり着く 겨우 목적지에 다다르다 □ あます 남게 하다, 남아 있다 □ 余裕 여유 □ 一瞬 한순간 □ イモムシ 애벌레 □ のたくる (지렁이·뱀 따위가) 꿈틀꿈틀 기어가다, 꿈틀거리다

一方アンは、ガムを取りに行ったのではなく、エゾマツ林のずっと向こう側を放浪しながら、幸せを満喫していた。腰まで届くワラビの茂みを、自分だけに聞こえる小さな声で歌いながら、ライス・リリーの花の冠を髪の上に飾って、影多き国の異教の神にも似ていた。だからアンがみんなの中で一番後だった。

　しかし、アンは鹿のように身軽に走れたのだ。そうしてアンは走って行ったが、小鬼が仕掛けたかのような気まずい結果が待っていた。ドアの所で男の子達を追い越して、男の子と混じってどやどやと校舎に入り込むことになったのだ。丁度その時、フィリップス先生は帽子を帽子掛けに掛けているところだった。

　한편, 앤은 껌을 따러 간 것이 아니라 가문비나무 숲 훨씬 너머를 방랑하며 행복을 만끽하고 있었다. 허리까지 닿는 고사리 덤불 사이를, 자기에게만 들리는 작은 목소리로 노래를 부르며, 라이스 릴리 꽃으로 만든 화관을 머리에 장식하였고 그 모습은 그림자 많은 나라의 이교도 신을 닮아 있었다. 그래서 앤이 아이 중에서 가장 늦었다.

　하지만 앤은 사슴처럼 가볍게 달릴 수 있었다. 그렇게 앤은 달려갔지만 꼬마 악마가 꾸민 것 같은 껄끄러운 결과가 기다리고 있었다. 문 앞에서 남자아이들을 앞질러 사내아이들과 뒤섞여 우르르 교실 안으로 들어가게 될 것이다. 마침, 그때 필립스 선생님은 모자를 모자걸이에 거는 중이었다.

□ 放浪する 방랑하다 □ 満喫する 만끽하다 □ ワラビ 고사리 □ 花の冠 화관 □ 飾る 장식하다 □ 影多き国 그림자 많은 나라(비유적 표현) □ 異教 이교 □ 一番後 가장 마지막, 맨 나중 □ 鹿 사슴 □ 身軽に 가볍게 □ 小鬼 꼬마 악마, 장난기 많은 요정 □ 仕掛ける 설치하다, (함정 등을) 꾸미다 □ 気まずい 껄끄럽다, 거북하다 □ 追い越す 앞지르다, 추월하다 □ どやどや 여럿이 떼 지어서 들어오는 모양, 우르르 □ 校舎 교사 □ 入り込む 안으로 들어가다(들어오다) □ 帽子掛け 모자걸이

フィリップス先生のつかの間の改革の熱意は既に失われていた。一ダースもの生徒を罰するのは面倒なことだった。しかし、既に罰すると言ってしまった手前、何かする必要があったので、生け贄の羊を求めて遅れてきた生徒達を見回すと、そこにアンがいた。

ようやく席に倒れ込み、息を切らしていたのだ。被っているのも忘れていたライス・リリーの花輪が、曲がって耳に引っ掛かったまま、ことさらにこれみよがしでだらしなく見えた。

「アン・シャーリー、あなたは男の子達と仲良くするのが大好きなようだから、今日は午後一杯あなたの趣味に合わせて、楽しませてあげることにしましょう」先生は嫌みたっぷりに言った。「髪から飛び出ている花を取って、ギルバート・ブライスと並んで座りなさい」

필립스 선생의 잠깐의 개혁에 대한 열의는 이미 사라졌다. 12명이나 되는 학생을 벌주는 건 귀찮은 일이었다. 그러나 이미 벌을 주겠다고 말해 버린 이상, 뭔가 할 필요가 있었기 때문에, 희생양이 될 학생을 찾으러 늦게 온 학생들을 둘러보니, 거기에 앤이 있었다.

겨우 자리에 쓰러지듯 앉아, 숨을 헐떡이고 있었다. 쓰고 있었다는 것도 잊은 라이스 릴리 화환이 휘어져 귀에 걸린 채로 있어 더욱 유난스럽게 흐트러져 보였다.

"앤 셜리, 너는 남자아이들과 어울리는 것을 좋아하는 것 같으니, 오늘은 오후 내내 네 취향에 맞춰 즐겁게 해주도록 하지." 선생님은 빈정거리며 말했다. "머리에서 튀어나온 꽃을 떼고, 길버트 브라이스 옆에 나란히 앉도록 해라."

□ つかの間 잠깐, 순간 □ 熱意 열의 □ 失う 잃다 □ 一ダース 한 다스(12개) □ 面倒 번거로움, 귀찮음 □ ～手前 ~해 버린 이상, ~한 체면상 □ 生け贄の羊 제물로 바칠 양, 희생양 □ 倒れ込む 쓰러져버리다 □ 息を切らす 숨이 벅차다 □ 引っ掛かる 걸리다 □ ことさら(に) 특별히, 새삼스레 □ これみよがし 여봐란듯이 □ だらしない (복장 등이) 단정하지 못하다, 흐트러지다 □ 仲良くする 사이좋게 지내다 □ 一杯 -내내 □ 趣味 취미 □ 嫌み 일부러 남에게 불쾌감을 주는 말이나 행동을 함, 또는 그런 말과 행동 □ 飛び出る 튀어나오다 □ 並んで座る 나란히 앉다

周りの男の子達がヒヒヒと笑った。ダイアナは、アンが可哀想で青くなりながら、急いでアンの髪から花輪の残骸を外して、アンの手を握りしめた。アン自身は、石に変わったかのように、ただただ先生を見つめるだけだった。

　「私の言ったことは聞こえたかね、アン？」フィリップス先生が容赦なく問い質した。

　「聞こえました、先生」アンの反応は鈍かった。「でも本気だと思わなかったんです」

　「確かに本気ですよ」——またも嫌みの抑揚を利かせていた。子供たちはみんな、特にアンが、大嫌いな言い方だった。その言葉の鞭は生傷に響いた。

　「直ぐに従いなさい」

　주변 남자아이들이 히히 웃었다. 다이애나는 앤이 불쌍해 얼굴이 파랗게 질린 채, 서둘러 앤의 머리에서 화관 잔해를 떼어내고, 앤의 손을 꼭 잡았다. 앤 자신은 돌로 변한 듯 그저 선생님을 바라볼 뿐이었다.

　"내가 한 말 들었니, 앤?" 필립스 선생님이 가차 없이 따져 물었다.

　"들었습니다, 선생님" 앤의 반응은 둔했다. "근데 진심이라고는 생각하지 않았어요."

　"확실히 진심이에요." 또다시 빈정거리는 억양이 실려 있었다. 아이들 모두, 특히 앤이 아주 싫어하는 말투였다. 그 말의 채찍은 아직 아물지 않은 상처에 퍼졌다.

　"즉시 따르노록 하거라."

□ 青くなる 파랗게 질리다   □ 急ぐ 서두르다   □ 残骸 잔해   □ 外す 떼어내다, 벗기다   □ ただただ 오직, 그저   □ 容赦なく 가차 없이   □ 問い質す 따져 묻다, 추궁하다   □ 本気 진심, 본심   □ 抑揚 억양   □ 利かせる (특성과 효능을) 잘 살리다   □ 特に 특히   □ 生傷 새 상처, 입은 지 얼마 안 된 상처   □ 響く 울리다, 영향을 주다

ちょっとの間、アンは従わないように見えた。それから、そんなことをしても意味がないと悟って、プライドを支えに立ち上がると、ユラッと通路を横切り、ギルバート・ブライスの隣にトンと腰を落とし、机の上に突っ伏して両腕の中に顔を埋めた。
　はじめのうちは他の生徒達も、ジロジロ眺め、コソコソ囁き、クスクス笑い、ツンツンわき腹を突っつき合った。しかしアンが一度も顔を上げず、ギルバートも分数の勉強を始め、心の底から分数に、分数だけに没頭している様子だったので、じきにみんなは各自の課題に戻りはじめ、そしてアンは忘れ去られた。

　잠시 동안 앤은 따르지 않을 것처럼 보였다. 그러다 그런 짓을 해도 의미가 없다는 걸 깨닫고, 자존심을 지탱 삼아 일어서더니 비틀거리며 복도를 가로질러 길버트 브라이스 옆에 툭 하고 앉아 책상 위에 엎드려 두 팔 안에 얼굴을 파묻었.
　처음에는 다른 학생들도 말똥말똥 쳐다보며 수군거리며 킥킥 웃고, 옆구리를 쿡쿡 찔러댔다. 하지만 앤이 한 번도 고개를 들지 않고, 길버트도 분수 공부를 시작해 마음속 깊이 분수에, 오직 분수에만 몰두하는 모습이었기에 이내 모두 각자의 과제로 돌아가기 시작했고, 그리고 앤은 잊혔다.

빨간머리 앤 赤毛のアン

□ 悟る 깨닫다, 자각하다 □ ユラッと 흔들리듯이, 비틀 □ 腰を落とす 앉다, 털썩 앉다, 주저앉다 □ 机 책상 □ ジロジロ 삼가는 기색 없이 쳐다보는 모양, 빤히, 말똥말똥 □ 眺める 바라보다 □ コソコソ 수군수군, 소곤소곤 □ ツンツン 손가락 등으로 가볍게 쿡쿡 찌르는 모양 □ わき腹 옆구리 □ 突っつく 반복적·가볍게 찌르다 □ 分数 분수(수학 용어) □ 没頭する 몰두하다 □ じきに 곧, 머지않아 □ 各自 각자 □ 課題 과제 □ 忘れ去る 완전히 잊다, 잊혀지다

学校が終わると、アンは自分の机に大股で戻り、これみよがしに中の物を洗いざらい取りだした。本、ノート、ペン、インク、聖書、算数の教科書、これを全部壊れた石盤の上にきっちりそろえて積み重ねた。

「それ全部家に持って帰ってどうするつもり、アン？」二人が街道に出ると、すかさずダイアナが聞いた。それまでは怖くて質問できなかったのだ。

「あたし、もう学校には戻らない」とアン。ダイアナは息を飲んでアンを見つめた。本気なのかしら。

「マリラは家に居させてくれる？」

「居させてもらうわ」とアン。

「あたし、絶対学校に行かない、あんな男は二度とご免よ」

　학교가 끝나고 앤은 자신의 책상으로 성큼성큼 돌아가 여봐란듯이 안에 든 물건들을 모조리 꺼냈다. 책, 공책, 펜, 잉크, 성경, 산수 교과서, 이것을 전부 부서진 석판 위에 가지런히 정돈해서 차곡차곡 쌓았다.
"그거 전부 집에 가져가서 어쩔 셈이야, 앤?" 두 사람이 큰길로 나서자, 재빨리 다이애나가 물었다. 그때까지는 무서워서 질문할 수가 없었다.
"나, 이제 학교에는 안 돌아갈 거야." 하고 앤이 말했다. 다이애나는 놀라서 숨죽이며 앤을 바라봤다. 진심일까.
"마릴라 아주머니가 너를 집에 있게 해줄까?"
"있게 해달라고 할 거야." 앤이 말했다.
"나, 절대 학교에 안 가. 그런 남자는 두 번은 사양이야."

□ 洗いざらい 깡그리, 전부, 모두 □ 取りだす 꺼내다, 끄집어내다 □ ノート 공책 □ ペン 펜 □ インク 잉크 □ 聖書 성경 □ 教科書 교과서 □ きっちり 빈틈없이, 정확히 □ そろえる 가지런히 하다, 정돈하다 □ 積み重ねる 차곡차곡 쌓다 □ すかさず 틈을 주지 않고, 재빨리 □ 息を飲む 놀라서 숨죽이다 □ ご免 사양, 거절, 용서

「ちょっと、アン！」ダイアナは今にも泣きだしそうだ。

「そんなの酷いわよ。あたしどうしたら良いの？　フィリップス先生は、あたしをあのおぞましいガーティー・パイと座らせるわ。絶対そうするわよ、だって、ガーティーは今、一人で座ってるんだもの。お願い戻って来て、アン」

「あたし、あなたのためなら、この世界でできないことなんかほとんどないわ、ダイアナ」アンが悲しみを込めて言った。「手足を引き裂かれても構わない、それが少しでもあなたの役に立つのなら。だけど、これだけはダメ、だからお願い、もう言わないで。あなたの言葉はあたしの魂をずたずたにしてしまうのよ」

「楽しい事もこれからたくさんあるのよ、それ全部逃してしまうのよ」ダイアナが楽しい未来を悲しく語った。

"잠깐, 앤!" 다이애나는 금방이라도 울음을 터뜨릴 것 같다.
"그건 너무하잖아. 나는 어떻게 하면 좋아? 필립스 선생님은 나를 그 끔찍한 거티 파이와 앉힐 거야. 분명 그럴 거야, 왜냐하면 거티는 지금 혼자 앉아 있으니까. 제발 돌아와, 앤."
"나, 너를 위해서라면 이 세상에 못할 일이 거의 없어, 다이애나." 앤은 슬픔을 담아 말했다. "팔다리가 찢겨도 괜찮아. 그게 조금이라도 네게 도움이 된다면 말이야. 하지만 이것만은 안 돼. 그러니까 제발, 더 이상 말하지 마. 너의 말은 내 영혼을 갈기갈기 찢어 놓고 말 거야."
"즐거운 일도 앞으로 잔뜩 있을 거야, 그거 다 놓쳐버리는 기아." 나이애나가 즐거운 미래를 슬프게 말했다.

□ 泣きだす 울기 시작하다　□ おぞましい 소름 끼치다, 역겹다, 무섭다　□ 手足 팔다리　□ 引き裂く 찢다　□ ずたずたにする 갈기갈기 찢다, 처참하게 하다　□ 逃す 놓치다

どれもこれも心を動かすに足りず、アンは小揺るぎもしなかった。アンは既に心を決めていたのだ。

「あたしは、フィリップス先生のいる学校なんか、二度と行かない」

家に帰ると、アンはマリラにそう伝えた。

「下らない」とマリラ。

「全然下らなくなんかないわ」とアン。マリラを見つめる目には、威厳と非難が満ち溢れていた。

「分からない、マリラ？ あたしは辱めを受けたのよ」

　　　　　　　　　　　　　　　　　　　　　　　　

어느 것도 마음을 움직이기에 부족했고, 앤은 조금도 흔들림이 없었다. 앤은 이미 마음을 정하고 있었던 것이다.

"나는 필립스 선생님이 있는 학교 같은 데, 두 번 다시 안 갈 거예요."

집에 돌아오자, 앤은 마릴라에게 그렇게 말했다.

"어리석은 짓이야." 마릴라가 말했다.

"전혀 어리석지 않아요."라고 앤이 말했다. 마릴라를 바라보는 눈에는 위엄과 비난이 흘러넘치고 있었다.

"모르시겠어요, 마릴라 아주머니? 전 모욕당했어요."

□ どれもこれも 이것도 저것도 전부 □ 心を動かす 마음을 움직이다 □ 足りる 충분하다 □ 小揺るぎ 조금 흔들림 □ 伝える 전하다 □ 下らない 하찮다, 시시하다 □ 威厳 위엄 □ 満ち溢れる 가득 차 넘치다 □ 辱め 모욕, 치욕

「辱めだって、馬鹿馬鹿しい！ あんたは明日もいつも通り学校に行くんだよ」

「嫌、行かない」アンはゆっくり首を横に振った。「あたし、学校には戻らないわ、マリラ。家でもちゃんと自分の勉強はするし、できるだけ良い子でいる、いつでも口を閉じてることにするから、そんなことができればだけど。でも、あたしは学校に戻らない、本気よ」アンの、どうあっても譲らない頑固な一面、それがアンの小さな顔に現われているのが、マリラにもはっきり読み取れた。これ以上無理強いしても問題を抱え込むばかりだとマリラは了解した。

そこで、もう何も言わずに引き下がることで、上手くその場を収めることにした。「夕方さっそく出かけて行って、レイチェルにこの件を相談しなくては」そう考えたのだった。

"모욕이라니, 바보 같은 소리! 너는 내일도 평소처럼 학교에 가는 거야."

"싫어요, 안 가요." 앤은 천천히 고개를 저었다. "난 학교에 돌아가지 않을 거예요, 마릴라. 집에서도 내 공부는 잘할 거고, 가능한 한 좋은 아이로 있을 거예요, 항상 입을 다물고 있을게요, 그럴 수 있다면 말이에요. 그래도, 학교에는 돌아가지 않아요, 진심이에요." 앤의 어떻게 해도 양보하지 않는 완고한 일면, 그것이 앤의 작은 얼굴에 나타나 있는 것이 마릴라에게도 분명하게 읽혔다. 더 이상 억지를 부려도 문제를 떠안을 뿐이라고 마릴라는 이해했다.

그래서 더는 아무 말도 하지 않고 물러서는 것으로, 그 자리를 원만히 수습하기로 했다. '저녁에는 바로 나가서 이 일에 대해 레이첼에게 상담해야겠다'라고 그렇게 생각한 것이었다.

□ いつも通り 평소처럼, 평소대로 □ 首を横に振る 고개를 가로로 젓다 □ 頑固 완고 □ 一面 일면, 한 측면 □ 読み取る 읽어내다, 이해하다 □ 無理強い 억지로 시킴, 강요 □ 抱え込む 떠밀다, 안고 끌어안다 □ 了解する 상황을 이해, 양해하다 □ 引き下がる 물러서다 □ 上手く 잘, 능숙하게 □ 収める 수습하다 □ 夕方 저녁 무렵

「今、アンを諭しても聞かないだろう。すっかり血が上って、こうと決めたら全く頑固で手に負えないんだから。あの子の話を聞く限り、フィリップス先生はやり方が強引過ぎたらしいことは分かったわ。だけど、あの子にそう言うのはやめておこう」

マリラが訪れると、リンド夫人はいつも通り、勤勉に機嫌よくキルトを縫っていた。

「あたしが何しに来たか、もう分かってるんだろう」

マリラが言った。少し恥ずかしそうな顔だった。

レイチェル夫人はうなずいた。

「アンが学校で起こした騒動のこと、そうだろう。ティリー・ボールターが学校の帰りに寄って、その話をしていったよ」

"지금 앤을 타이른다고 해도 듣지 않겠지. 완전히 열이 올라서, 이렇게 하겠다고 마음먹으면 정말 완고하게 고집을 부려서 감당이 안 되니까. 저 아이의 말을 들은 한, 필립스 선생님 방식이 너무 억지였다는 건 알겠어. 하지만 저 애한테 그렇게 말하는 건 그만두자."

마릴라가 찾아가자 린드 부인은 평소처럼 부지런하고 기분 좋게 퀼트를 바느질하고 있었다.

"내가 왜 왔는지, 벌써 알고 있지?"

마릴라가 말했다. 약간 부끄러운 듯한 얼굴이었다.

레이첼 부인은 고개를 끄덕였다.

"앤이 학교에서 일으킨 소동 말이지, 그렇지. 틸리 볼터가 학교에서 돌아오는 길에 들러서 그 이야기를 하고 갔어."

☐ 諭す 타이르다 ☐ 血が上る 욱하다, 흥분하다 ☐ 手に負えない 어찌할 도리가 없다, 감당할 수 없다 ☐ やり方 하는 방식 ☐ 強引 억지로 함, 무리하게 함 ☐ 訪れる 방문하다 ☐ 勤勉 근면 ☐ 起こす 일으키다 ☐ 騒動 소동

「あの子をどうしたら良いか分からなくて」とマリラ。

「あたしは学校には戻らない、の一点張りでね。あんなに頭に血が上ってる子は見たことないわ。学校に行くようになってから、何か有りそうな予感はあったんだよ。今まで万事順調過ぎたんだね。どうもあの子は神経過敏だから。どうしたら良いと思う、レイチェル？」

「そうだね、あたしの助言が欲しいというんならね、マリラ」と愛想の良いリンド夫人──リンド夫人は、助言を請われるのが好きで堪らなかったのだ。

「まずは、ある程度あの子の好きにさせるわ、あたしならそうするね」

"저 애를 어떻게 해야 할지 모르겠어." 하고 마릴라가 말했다.

"나는 학교에는 돌아가지 않을 거라는 말만 고집하네. 저렇게 울분에 가득 찬 아이는 본 적이 없어. 학교에 다니기 시작했을 때부터 뭔가 일이 생길 것 같은 예감은 있었어. 지금까지 모든 일이 너무 순조로웠던 거야. 아무래도 저 아이는 신경과민이니까. 어떻게 하면 좋을까, 레이첼?"

"그래, 내 조언이 필요하다면 말이야, 마릴라" 하고 상냥한 린드 부인──린드 부인은 조언을 부탁받는 것이 좋아서 견딜 수가 없었다.

"우선은 어느 정도 저 아이가 하고 싶은 대로 두겠어, 나라면 그렇게 할 거야."

☐ 一点張り 외곬, 그것(한 가지)만으로 관철하는 일 ☐ 予感 예감 ☐ 万事順調 모든 것이 순조로움 ☐ 神経過敏 신경과민 ☐ 助言 조언 ☐ 愛想の良い 상냥하다 ☐ 請う 청하다 ☐ 堪らない 참을 수 없다 ☐ ある程度 어느 정도

「あたしの思うところでは、フィリップス先生に非があったよ。もちろん、子供達にそう言う必要はないがね。それと、昨日あの子を罰したのは、もちろん正しかったよ、癇癪を起こしたんだから当然さ。でも今日のは事情が違うわ。

他の遅れてきた子も、みんなアンと同じに罰するべきだったよ、全く。罰として、女の子を男の子と一緒に座らせるのはどうかと思うね。穏当なことじゃないよ。ティリー・ボールターはほんとに怒ってたね。あの子もアンの肩を持ってたし、生徒達もみんなそうだったってさ。あの子達の中で、アンはなかなか受けが良いみたいじゃないか。こんなに上手くみんなに溶け込めるとは思わなかったね」

「それじゃ、本気であの子を家に置いといた方が良いって思うんだね」マリラは唖然として言った。

내 생각에는 필립스 선생에게 잘못이 있었어. 물론 아이들한테 그렇게 말할 필요는 없지만 말이야. 그리고 어제 그 애를 벌준 건 물론 옳았어, 짜증을 냈으니까 당연하지. 근데 오늘 일은 사정이 달라.

다른 지각한 아이들도 모두 앤과 같이 벌을 줘야 했어, 정말이지. 벌로 여자애를 남자애와 같이 앉히는 건 좀 아니라고 생각해. 온당한 일이 아니야. 틸리 볼터는 정말 화가 나 있었어. 걔도 앤 편을 들었고, 학생들도 다 그랬다더라. 아이들 사이에서 앤은 제법 평판이 좋은 것 같더라니까. 이렇게 잘 어울릴 줄은 몰랐어."

"그럼, 정말 저 애를 집에 두는 편이 좋다고 생각하는 거네." 마릴라는 아연실색했다.

□ 非 나쁨, 부정 □ 穏当 타당 □ 受けが良い 평판이 좋다 □ 溶け込む 녹아들다, 잘 어울리다 □ 唖然とする 어안이 벙벙하다, 아연실색하다

「そうさ。あたしなら学校のことはもう一言も言わないよ、あの子が言い出すまでね。大丈夫、マリラ、一週間もしたら頭も冷えて、自分の方から戻るって言い出すようになるさ、全く。だけど、今直ぐ学校に行くようにごり押ししたら、次に何をしだすか分かったもんじゃないよ、珍事件を起こすか、癇癪を起こすかして、また騒動が増えるだけだね。

　騒ぎは小さいほうが良い、これがあたしの意見だよ。学校に行かなくても、失うものはそんなに多くないよ、あんな事が続くようじゃね。フィリップスさんは、全く先生向きじゃないよ。今の学校の規律ときたら言語道断だよ、全く」

"그래. 나라면 학교 얘기는 더 이상 한마디도 하지 않을 거야, 그 애가 말을 꺼낼 때까지 말이야. 괜찮아, 마릴라, 일주일만 지나면 머리도 식고, 자기 쪽에서 돌아온다고 말하게 될 거야, 정말로. 하지만 지금 당장 학교에 가라고 밀어붙이면, 다음에 무슨 일을 할지 알 수 없단 말이야, 별난 소동을 일으키든 짜증을 부려서 또 소동이 늘어날 뿐이야.

　소란은 작을수록 좋아, 이게 내 의견이야. 학교에 가지 않더라도 잃는 것은 그렇게 많지 않아, 저런 일이 계속되는 거라면 말이야. 필립스 씨는 도무지 교사로는 어울리지 않아. 지금 학교의 규율이라고 한다면 언어도단이야, 정말로."

- ☐ 冷える 식다, 차가워지다　☐ ごり押しする 억지로 밀어붙이다　☐ 珍事件 기이한 일, 별난 소동　☐ 増える 늘다, 증가하다　☐ 意見 의견　☐ ようじゃ ~하게 된다면(~ようでは의 구어체)　☐ 規律 규칙, 규율　☐ 言語道断 언어도단, 말도 안 됨

「ちびちゃん達を放り出しておいて、クイーン校に入学する大きな生徒ばかり構ってるんだからね。今年度は絶対学校を受け持てなかったはずさ、あの人の伯父さんが理事だったからこそだよ。あの理事会ときた日には、後の二人はあごで使われるだけなんだからねえ、全く。言っちゃ悪いが、この島の教育はどうなることやら、分かったもんじゃない」

　マリラはレイチェル夫人の助言を容れ、アンに学校に戻れとは一言も言わなかった。アンは家にいる間、自分で勉強し、家事をこなし、肌寒い秋の黄昏時、夕焼け色に染まりながらダイアナと遊んだ。

"어린 애들은 내팽개쳐 두고, 퀸스 학교에 입학할 큰 애들만 챙기고 있다니깐. 이번 학년도에 절대 학교를 맡을 수 없었을 텐데, 그 사람의 삼촌이 이사였기 때문에 가능했던 거지. 저 이사회란 것도 말이야, 나머지 두 명은 부려지기만 하는 존재일 뿐이라니까, 정말이지. 이런 말 하긴 싫지만, 이 섬의 교육이 앞으로 어찌 될지 모르겠어."

　마릴라는 레이첼 여사의 조언을 받아들여 앤에게 학교로 돌아가라고는 한마디도 하지 않았다. 앤은 집에 있는 동안 스스로 공부하고 집안일을 하며 쌀쌀한 가을 황혼 무렵, 노을빛에 물들며 다이애나와 놀았다.

□ ちび 꼬마, 작은 아이 □ 放り出す 내팽개치다, 내버려두다 □ 入学 입학 □ 構う 상관하다, 염려하다, 마음을 쓰다 □ 受け持つ 담당하다 □ 伯父 큰아버지, 삼촌 □ 理事 이사 □ 顎で使う 거만한 태도로 사람을 부리다 □ 容れる 받아들이다, 수용하다 □ 肌寒い 쌀쌀하다 □ 秋 가을

一方、ギルバート・ブライスとは、道で出会っても、日曜学校でたまたま顔を会わせても、アンはギルバートの脇をすり抜け、氷のように冷たい軽蔑を示すだけだった。ギルバートがアンと仲直りしようと努めているのは明らかだったが、だからといって微塵もアンの心の氷が溶けた様子はみられなかった。

　アンは明らかに心を決めていた。ギルバート・ブライスを憎み続ける、生きている限り。

　しかし、ギルバートを憎むほどに、アンはダイアナを愛した。小さな心の情熱の限り、全ての愛をダイアナに注ぎ込んだ。好きも嫌いも、等しく激しいものだった。ある晩マリラが、甘いリンゴでいっぱいの籠を下げて果樹園から戻ってみると、黄昏の光に照らされたアンが、東の窓辺に座って苦い涙を味わっていた。

　한편, 길버트 브라이스와는 길에서 만나도 주일학교에서 우연히 마주쳐도 앤은 길버트의 옆을 스쳐 지나가며 얼음장처럼 차가운 경멸을 보일 뿐이었다. 길버트가 앤과 화해하려고 애쓰고 있는 것은 분명했지만, 그렇다고 추호도 앤의 얼음장 같은 마음이 녹은 모습은 보이지 않았다.

　앤은 분명히 마음을 먹고 있었다. 길버트 브라이스를 살아 있는 한 계속 미워할 것임을.

　하지만 앤은 길버트를 미워하는 만큼 다이애나를 사랑했다. 작은 마음의 열정으로 모든 사랑을 다이애나에게 쏟아부었다. 좋아함도 미워함도 똑같이 격렬했다. 어느 날 저녁, 마릴라가 달콤한 사과로 가득 찬 바구니를 들고 과수원에서 돌아와 보니 황혼의 빛을 받으며 앤이 동쪽 창가에 앉아 쓰디쓴 눈물을 삼키고 있었다.

☐ 出会う 마주치다, 만나다 ☐ 日曜学校 주일학교 ☐ 顔を会わせる 얼굴을 마주치다 ☐ 氷 얼음 ☐ 軽蔑 경멸 ☐ 仲直りする 화해하다 ☐ 明らか 분명함, 밝음 ☐ 微塵 티끌 ☐ 溶ける 녹다 ☐ 心を決める 마음을 정하다 ☐ 憎む 미워하다 ☐ 愛する 사랑하다 ☐ 情熱 정열 ☐ 注ぎ込む (전부) 쏟아붓다 ☐ 等しい 똑같다, 동등하다 ☐ 籠 바구니 ☐ 下げる (손에) 들다, 내리다 ☐ 苦い 쓰다

「今度はいったい何だって言うの、アン?」マリラが聞いた。

「ダイアナのこと」アンが豪勢(ごうせい)にすすり泣(な)いた。

「あたしダイアナが好き、とっても好きなの、マリラ。ダイアナがいなかったら生きて行けない。でも良く分かってるのよ、いつか二人とも大人になって、ダイアナは結婚してしまう、そして遠く離れ、あたし一人が残されるのよ。

そしたら、ああ、あたしどうしよう? ダイアナの夫となる人が憎(にく)い──憎くて憎くてたまらない。今までずっと想像してたの、全て想像し切ったわ──結婚式も何もかも──ダイアナは雪の衣装(いしょう)を身に纏(まと)って、ベールを被り、美しくて自信(じしん)に満(み)ちて、女王(じょおう)のようなの」

"이번엔 도대체 무슨 일이니, 앤?" 마릴라가 물었다.

"다이애나 때문이에요." 앤이 크게 흐느꼈다.

"난 다이애나가 좋아, 정말 좋아요, 마릴라 아주머니. 다이애나 없이는 살아갈 수 없어요. 하지만 잘 알고 있어요, 언젠가 둘 다 어른이 되어, 다이애나는 결혼해 버리고 그리고 멀리 떨어져 나 혼자 남게 되겠죠.

그러면, 아아, 나는 어떻게 해야 해요? 다이애나의 남편이 될 사람이 미워──미워서 미워서 참을 수가 없어. 지금까지 줄곧 상상해 왔어요, 전부 다 상상했어요──결혼식도 모든 것들도──다이애나는 눈처럼 하얀 의상을 입고, 베일을 쓰고, 아름답고 자신감에 차서, 여왕 같아요."

□ 豪勢 굉장함　□ すすり泣き 훌쩍이며 욺, 흐느껴 욺　□ 憎い 미워하다　□ たまらない 참을 수 없다　□ 夫 남편　□ 衣装 의상, 복장　□ 身に纏う 입다, 걸치다 (격식 있는 표현)　□ 自信 자신감　□ 満ちる 가득 차다　□ 女王 여왕

「あたしは新婦の付添となって、素敵なドレスを着てるんだけど、それもパフ・スリーブなんだけど、それでも、砕けかかった心を微笑みの仮面の下に隠しているのよ。そして言うの、ダイアナ、さようならあ―っあ―っあ――」

ここでアンはすっかり泣き崩れ、滂沱の涙を流すのだった。

マリラはクルッと背を向け、顔がヒクヒク引きつるのを隠そうとした。しかしそれも役には立たなかった。近くの椅子に崩れ落ちると、部屋には心の底からの、そして普段は聞かれることのない笑い声が響き渡った。外の庭を通りかかったマシューは、その声に驚いて足を止めた。マリラがあんな風に笑っている、今まで聞いたことがあったろうか？

"나는 신부의 들러리가 되어 멋진 드레스를 입고 있는데, 그것도 퍼프 소매 드레스야. 그런데도 부서지려는 마음을 미소의 가면 아래에 숨기고 있어. 그리고 말해요, 다이애나, 안녕―엉―엉―― "

여기서 앤은 완전히 울음을 터뜨리며, 폭포처럼 쏟아지는 눈물을 흘렸다.

마릴라는 휙 등을 돌려서 실룩이는 얼굴을 감추려 했다. 하지만 그건 아무 소용이 없었다. 근처 의자에 주저앉더니 방에는 마음속 깊은 곳에서, 그리고 평소에는 들을 수 없는 웃음소리가 울려 퍼졌다. 바깥뜰을 지나가던 매튜는 그 소리에 놀라 걸음을 멈추었다. 마릴라가 저렇게 웃는걸, 지금까지 들어본 적 있었던가?

빨간머리 앤 赤毛のアン

□ 新婦 신부 □ 付添 들러리, 곁에서 따름 □ ドレス 드레스 □ 砕ける 부서지다, 꺾이다 □ ~かかる ~하려는 찰나, 순간 □ 微笑み 미소 □ 仮面 가면 □ 泣き崩れる 울며 무너지다 □ 滂沱 눈물이 그치지 않고 흘러내리는 모양 □ クルッと 몸이나 물체가 한 바퀴 도는 모양 □ 背を向ける 등을 돌리다 □ ヒクヒク 실룩실룩 □ 引きつる 경련을 일으키다, 비틀어지다 □ 笑い声 웃음소리 □ 響き渡る 울려 퍼지다 □ 足を止める 발걸음을 멈추다

「やれやれ、アン・シャーリー」マリラが言った。ようやくまともに喋れるようになったのだ。

「もし心配の種を探すんなら、頼むから、もっと身近(みぢか)なところにしておくれ。いや、あんたの想像力は大した物だね、重々(じゅうじゅう)承知したよ」

"어휴, 앤 셜리." 마릴라가 말했다. 겨우 제대로 말할 수 있게 되었다.

"만약 걱정거리를 찾으려거든 제발 좀 더 가까운 데서 찾아 줘. 아니, 네 상상력은 정말 대단하구나. 충분히 알겠어."

□ 喋る 말하다, 수다 떨다 □ 種 씨앗, (어떤 일의) 원인, 발단, 불씨 □ 身近い 몸에 가깝다 □ 重々 거듭거듭, 충분히

손끝으로 채우는 일본어 필사 시리즈 4

빨간머리 앤 1 赤毛のアン 1

초판 1쇄 발행 2025년 10월 30일

지은이	루시 모드 몽고메리
역 자	오다윤
펴낸이	최수진

편 집	최수진
디자인	cc. design
일러스트	cc. design

펴낸곳	세나북스
제 작	넥스트 프린팅
출판등록	2015년 2월 10일 제300-2015-10호
주 소	서울시 종로구 통일로 18길 9
홈페이지	http://blog.naver.com/banny74
이메일	banny74@naver.com
전화번호	02-737-6290
팩 스	02-6442-5438

ISBN   979-11-93614-25-9 14730
　　　 979-11-93614-26-6 14730(세트)

• 이 책은 저작권법에 따라 보호받는 저작물이므로 무단 전재와 무단 복제를 금합니다.

• 잘못 만들어진 책은 구입하신 서점에서 교환해드립니다.

• 정가는 뒤표지에 있습니다.